한부모가정
이해교육
프로그램 개발

한부모가정
이해교육
프로그램 개발

황은숙 지음

KSI 한국학술정보(주)

얼마 전 필자는 '무지개 빛 가정문화 캠페인'이란 한부모가정 차별철폐 캠페인을 전개하였다. 필자가 우리나라 최초로 한부모가정 차별철폐 캠페인을 전개하게 된 것은 한부모로서 살아오면서 몸소 겪은 편견과 차별에 대해 너무나 잘 알고 있기 때문이다.

한부모가정과 이혼 이해교육 프로그램 역시 이러한 취지에서 출발하여 한부모가정을 이해하고 존중할 수 있는 가정문화를 확대하기 위해 개발되었다. 한부모가정과 이혼 이해교육 프로그램은 유아기에서 아동기, 청소년기, 그리고 성인에 이르기까지 모든 사람들이 한부모가정과 이혼을 이해하고, 편견 없이 받아들이도록 하는 것이다.

이 책은 특히 유아기 아동들에게 한부모가정과 이혼을 이해시키고 더 나아가 한부모가정 자녀들과 차별 없이 교류할 수 있도록 하기 위해 만들어졌다. 조사결과 유아들은 이미 한부모가정에 대한 편견을 갖고 있었다. 만 5세 유아들이 '한부모가정은 나쁜 가정이다', '잘못된 가정이다'라고 보았는데 그 이유는 '부모 중 한 사람이 없기 때문'이었다. 또한 한부모가정 아동에 대해 '한부모가정 아동은 나쁘다', '그런 아이와는 놀지 않겠다'고 응답하였는데 그 이유 또한 '부모 중 한 분이 없기 때문'이라고 하였다. 유아들은 단순히 부모가 있거나 없다는 이유로 한부모가정을 마치 문제 있는 가정으로 인식하고 있는 것을 볼 수 있다.

이러한 유아들의 생각과 태도는 성인이 된 이후에도 지속돼 한부모가정에 대한 편견을 갖도록 한다. 특히 아동기와 청소년기에는 한부모가정 아동을 놀리거나 괴롭히는 등 학교폭력의 행위자가 되어 한부모가정 아동을 어렵게 할 가능성이 있다. 이러한 문제 외에도 일반 가정 아이들이 한부모가정과 이혼에 대해 바르게 인식해야 할 이유는 한부모가정은 언제 어떻게 발생하게 될지 아무도 짐작할 수 없다는 것이다. 지금은 한부모가정이 아니어도 언제나 한부모가정이 될 가능성이 있기에 한부모가정이 되었을 때 겪을 상처를 줄이고 현실에 잘 적응할 수 있는 아동으로 성장할 수 있도록 돕기 위해 예방적인 차원에서 한부모가정과 이혼 이해교육은 꼭 필요하다 하겠다.

이러한 목적을 달성하기 위해 한부모가정과 이혼 이해교육 프로그램은 몇 가지 주제로 구성되었다. 구체적인 내용을 살펴보면 다양한 가정에 대한 이해, 결혼과 이혼, 한부모가정의 홀로서기, 내가 엄마(아빠)하고만 산다면, 훌륭한 한부모가정 위인 등이다. 이들 내용은 한부모가정과 이혼에 대한 이해를 통해 한부모가정의 삶을 바르게 인식할 수 있도록 하고, 한부모가정 자녀에 대한 관심과 성공가능성을 보여줘 긍정적인 교우관계를 형성할 수 있도록 돕고 있다. 또한 한부모가정 아동에게는 한부모가정의 부모를 이해할 수 있도록 하고 자신에 대한 자존감을 형성할 수 있도록 도울 수 있다.

끝으로 한부모가정과 이혼 이해교육이 한부모가정에 대한 편견과 차별을 줄이고, 더 나아가서는 미래 사회의 주역이 될 유아들에게 여러 사람들과 더불어 살아가는 방법을 가르치고, 더 나아가 나와 다른 개인과 집단을 이해하고, 존중하는 자세를 갖도록 하여 미래 사회의 주류세력으로 성장하기를 기대해 본다. 또한 이들이 성장하여 평등한 가정문화를 확대하고 정착시키는 데 견인차의 역할을 담당해 주기를 기대한다.

2007년 8월
신천동 연구실에서 저자 씀

IV 연구방법 / 65

 V 결과 및 해석 / 71

 VI 논 의 / 93

서 론

1. 연구의 필요성 및 목적

세계가 다양화, 다변화되면서 세계의 여러 국가들은 다문화, 다민족, 세계화를 내걸고 개방화를 표방하고 있다. 이러한 글로벌한 지구촌을 지향하는 세계적인 흐름은 문화의 다양성, 개인차, 인종, 민족, 종교, 성, 사회·경제적 지위, 능력, 신체적 조건 등을 포함한 개인, 또는 집단의 권익을 보호하기 위해 모든 힘을 기울이고 있다. 하지만 이러한 노력에도 불구하고 특정 소외 계층은 물론, 장애, 인종, 종교, 가족, 성별, 다문화와 관련하여 개인과 특정 집단에 대한 고정관념과 차별적 행동은 사라지지 않고 있다.

이러한 현상은 나이 어린 유아들에게도 영향을 미쳐 자신과 다른 사람이나 집단을 구별하고 자신의 집단을 우월하게 생각하여 그렇지 않은 집단에 대해 편견을 갖게 할 수 있다. 따라서 유아들이 자신과 다른 타인을 이해하고 수용할 수 있도록 하기 위해 유아교육 현장에서의 반편견교육이 요구되고 있다.

　반편견교육은 인종, 성, 장애, 가족, 다문화 등에 대한 고정관념, 선입견에 대항하여 비판적인 사고를 가지고 편견에 적극적으로 대처해나가는 긍정적인 태도를 갖도록 하는 것으로 이혼이나 한부모가정 및 이들 가정아동에 대한 편견은 한부모가정이 증가하고 있다는 측면에서 중요하게 다루어져야 할 부분이다. 우리나라의 경우 지난 20년간 이혼율이 급속히 증가하여 12만 명의 아이들이 부모의 이혼을 경험하고 있다(통계청, 2001). 또한 우리 사회의 한부모가정은 한부모가정이라는 이유만으로 사회로부터 편견을 받고 있다는 한 민간단체의 조사결과(한국여성민우회, 1999)가 있다. 사회가 갖고 있는 편견의 가장 큰 문제점은 이러한 이혼 및 별거, 사망, 유기, 미혼모 등에 대한 부정적인 시각이 당사자 성인에게만 국한되지 않고 그 가정의 자녀들에게도 같은 편견을 부여하는 것이다. 한부모가정 아동은 부모의 이혼으로 인해 심리적인 갈등상태에 있으며 낮은 자아존중감을 갖고 있는 경우가 많다. 한부모가정에 대한 부정적인 인식은 한부모가정 아동의 자아존중감을 상실시켜 열등감, 고립감, 우울, 불안감 등 각종 심리적인 스트레스를 안겨준다(권영미, 2000; 동승자, 2000; 문현숙, 1999; 오병미, 1998; 오은순, 1997).

　이러한 문제점을 극복하기 위해서는 유아기부터 한부모가정에 대한 이해와 수용적인 태도를 기를 수 있도록 한부모가정에 대한 반편견교육활동을 유아교육 현장에 실시하는 것이 바람직하다. 한부모가정에 대한 반편견유아교육프로그램은 한부모가정 아동의 자아존중감을 향상시키고 가정과 이혼에 대한 인식을 새롭게 하여 자신이 속한 현실을 인정하고 극복할 수 있도록 도울 것이다. 또한 일반 유아에게는 이혼가정 아동에 대한 고정관념을 버리고 나아가 앞으로의 삶 속에서 만나게 될지도 모르는 갈등과 가족 해체의 상황에 대처하게 하며 한부모가정을 자연스러운 가족구성형태의 하나로 인식할 수 있도록 도울 수 있을 것이다. 또한 넓게는 한부모가정과 관련하여 앞으로 야기될 수도 있는 사회문제를 미연에 방지하고 완화시켜 주는 역할도 하게 될 것으로 보인다.

지금까지 우리 사회에서는 성이나 장애 영역에서의 반편견교육에 대해서는 많이 연구되어 왔으나(서영숙, 2001), 이혼이나 사망으로 인한 한부모가정이나 이들 가정의 아동에 대한 반편견교육에 대한 연구는 거의 이루어지지 않고 있다. 더구나 일반 유아를 대상으로 한부모가정에 대한 인식을 조사하거나 반편견유아교육프로그램을 개발하고 교육을 실시하여 그 효과를 연구하고자 한 시도는 없었다.

따라서 본 연구에서는 우리 사회에 증가하고 있는 이혼 및 사별로 인한 한부모가정 아동에 대한 편견 및 고정관념에 맞서 한부모가정을 이해하고 수용, 지지받을 수 있도록 하기 위해 반편견유아교육프로그램을 개발하며, 한부모가정에 대한 인식을 알아보고 한부모가정에 대한 반편견유아교육프로그램을 실시한 후의 인식의 차이를 통해 이 프로그램의 효과를 알아보고자 한다.

2. 연구문제

위 연구의 목적을 달성하기 위해 다음과 같은 구체적인 연구문제를 설정하였다.

1) 한부모가정에 대한 반편견유아교육프로그램의 내용과 방법은 어떻게 구성되어야 하는가?
2) 유아는 가정 및 결혼, 이혼, 한부모가정에 대해 어떤 인식을 가지고 있는가?
3) 유아의 한부모가정에 대한 인식은 한부모가정에 대한 반편견교육을 통해 달라지는가?

3. 용어의 정의

한부모가정: 한부모가정이란 부모 중 어느 한쪽의 사망, 이혼, 유기, 별거로 인해 편부, 편모로 이루어진 가구로, 부모 중 어느 한쪽과 18세 이하의 자녀가 함께 사는 부모−자녀집단으로 정의한다.

1. 한부모가정

1) 한부모가정의 정의와 발생원인

한부모가정은 편부모가족, 편부모가정, 편부모가구 등 각기 다른 명칭으로 혼용되어 불리어지다가 '한국여성민우회'라는 한 민간단체를 중심으로 한부모가정이라는 명칭을 사용하게 되었다.

한부모가정은 일반적으로 편부 또는 편모 중 한 사람이 단독으로 부모의 역할을 담당하는 가족으로 인식되고 있으나(Zimmerman, 1983) 한부모가정에 대한 합의된 정의는 도출하지 못하고 있다. 여러 학자들의 한부모가정에 대한 정의를 살펴보면 Giovannoni와 Billingsley(1995)는 한부모가정은 부모 중 어느 한쪽의 사망, 이혼, 유기, 별거로 인해 편부, 편모로 이루어진 가구라고 정의하고 Schlesing(1969)은 부모 중 어느 한쪽과 18세 이하의 자녀가 함께 사는 부모-자녀의 집단으로 보고 있다. 하지만 Again Orthner, Brown,

Ferguson 등(1976)은 한 가정에 사는 한쪽 부모와 요보호아동으로 구성된 가족으로 규정하는가 하면(Trost, 1980), 미국 사회사업 백과사전은 부모 중 한쪽의 사망, 이혼, 유기, 별거로 인하여 편부 혹은 편모와 그 자녀로 이루어진 가족으로 정의하고 있다(김인숙, 1997, 재인용). 우리나라의 모자복지법은 한부모가정의 한 형태인 모자가정을 정의함에 있어 모는 배우자와 사별 또는 이혼하거나 배우자로부터 유기된 여성, 정신 또는 신체장애로 인하여 장기간 근로를 상실한 배우자를 가진 여성, 미혼여성(사실혼관계는 제외)으로 모가 18세 미만(다만, 취학 시는 20세 미만)의 자녀를 두고 세대주 또는 세대주의 역할을 담당하는 가정으로 보고 있다(보건복지부, 1996).

이러한 여러 정의를 종합해 볼 때 한부모가정은 이혼, 사별, 유기, 미혼모로 발생한 가정으로 현재 18세 미만의 자녀와 함께 살면서 자녀를 부양하고 부모역할을 담당하고 있는 한부모와 자녀의 집단이라고 할 수 있다.

한부모가정은 현대에 들어 이혼, 사망, 별거, 유기, 그리고 미혼모 등의 발생 증가로 그 수가 증가하는 추세를 보이고 있다. 이는 산업화와 급속한 사회변동으로 인한 가치관의 변화로 가족의 결속력보다 개인의 행복에 더 큰 가치를 부여하고 있는 인식의 변화와 1990년 개정된 가족법의 영향으로 이혼에 대한 요구조건이 마련되었기 때문인 것으로 보인다(변화순, 1996). 또한 복잡해진 사회 환경으로 인해 교통사고, 산업재해, 높은 스트레스, 각종 성인병, 과로사 등 40대 남성의 사망률이 증가하고, 최근에는 비행기 납치, 건물 폭파, 탄저균 살포 등 다양한 테러공격으로 인한 어린 자녀를 둔 부모세대의 사망도 한부모가정을 증가시키는 한 원인이 되고 있다.

2) 한부모가정의 현황과 유형

우리나라 한부모가구의 현황을 통계청의 인구주택총조사(2001)를 통해 살펴보면 1985년에 8백48만 가구였던 것이 1990년에는 8백89만 가구, 1995년에는 9백6십만 가구였다가 2000년에는 1천1백24만 가구로 1백64만 가구가 증가하였다. 한부모가구의 비율은 전체 가구의 9.4%로 95년보다 0.8% 높아졌으며 이 중 이혼으로 인한 한부모가구가 78.4%, 사별로 인한 한부모가구가 58.5% 차지하는 것으로 나타났다.

이상에서 알 수 있듯이 한부모가구의 발생은 배우자의 사망뿐만 아니라 이혼, 별거, 미혼모 등의 증가로 그 수치가 높아지고 있는데 이혼의 경우를 보면 95년도에 2십7만8천 가구였던 것이 2000년에는 5십5만3천 가구로 98.8% 증가하였고 사별로 인한 가구는 95년도에 1백4십만8천 가구였던 것이 2000년도에는 1백56만2천 가구로 10.9% 증가하였다.

이혼율의 증가를 구체적으로 살펴보면 1980년 2만3천 건이던 것이 1985년에는 3만8천 건, 1990년에는 4만4천 건, 1995년에는 5만3천 건이었다가 2000년에는 12만 건으로 급속히 증가하고 있다. 이혼의 증가와 함께 이혼 당시 20세 미만의 자녀를 둔 부모도 매년 증가해 전체 이혼 부부의 70.4%를 차지하고 있으며, 이혼 당시 20세 미만의 자녀 수도 1995년 6만8천 명이던 것이 1996년도에는 7만9천 명, 1998년에는 11만6천7백 명, 1999년에는 11만8천 명이었다가 2000년도에는 12만 명에 이르고 있다(통계청, 2001).

매년 증가하는 한부모가정을 유형별로 살펴보면(Trost, 1980), 첫째는 부모집단에 따른 분류로 한부모가정 발생 시 부모가 결혼, 또는 동거하였는지에 따른 분류, 둘째는 가족해체의 유형이 배우자의 사망,

이혼, 장기 입원, 장기 구속인지에 따른 분류, 셋째는 아동에 대한 보호를 누가 맡고 있느냐에 따른 것으로 편모가 보호하면 모자가정, 편부가 보호하면 부자가정으로 분류한다.

반면 Mendens(1979)는 한부모가정의 유형을 생활유형에 따라 다섯 가지로 구분하고 있다. 첫째, 부모 중 한쪽이 자녀에 대한 의식주뿐만 아니라 가정 내에서 자녀의 사회화 등 모든 것을 책임지고 단독으로 부모역할을 수행해 직업과 가사책임의 이중부담을 지고 있는 경우, 둘째는 가족과 함께 살지 않는 보조부모와 함께 부모역할과 책임을 나누는 경우, 셋째는 한부모가족과는 관련이 없는 사람과 부모역할을 함께하는 경우로 엄마 같은 가정부, 한부모의 친구나 연인이 부모역할을 수행하는 경우, 넷째는 부모역할을 수행하는 사람이 혈연관계나 법적인 친척관계에 있는 조부모, 사촌, 형제 등이 부모역할을 수행하는 경우, 다섯째는 부모가 약물, 도박, 정신적인 문제를 지닌 자로 부모역할을 유기한 경우 등이다.

성민선과 송준(1988)은 한부모가정을 세 가지 유형으로 분류하고 있는데 첫째는 부모 중 한 사람이 떠나고 남은 사람이 재혼하지 않은 경우, 둘째는 부모 중 한 사람과 법적으로 입양된 자녀가 함께 사는 경우, 셋째는 미혼모가 자녀를 기르는 경우로 보고 있다.

3) 한부모가정의 정서와 적응과정

한부모가정이 되는 경우는 이혼, 별거, 사망, 유기, 미혼모 등 여러 가지 원인에 의한 것으로 볼 수 있는데 그중 가장 대표적인 부모의 이혼으로 인한 자녀의 심리정서 및 적응과정을 살펴보면 다음과 같다.

   이혼이 자녀에게 어떤 영향을 미치는가에 대한 연구는 무수히 이루어져 왔지만 아직도 분명하게 단기적, 장기적으로 어떤 영향을 미치는지, 또 그 영향이 얼마나 광범위하고 확실한지 등, 이혼가정 자녀들의 사회적, 행동적, 심리적 변화와 적응에 대한 연구들은 상당히 불일치하거나 혼합되어 있다.

   부모의 이혼과 관련하여 자녀들은 심한 심리적 갈등을 겪는 경우가 많다. 이혼 초기에 유아기를 맞이하는 아이들은 부모에게 분노감을 나타내거나 이혼이 아빠로 인해 발생했을 경우 엄마와 연합해서 아빠를 미워하며, 부모가 상대방에게 적개심을 나타내거나 상대방을 비난할 때 부모에 대한 충성심으로 어느 쪽을 선택해야 할지 몰라 고심하게 된다. 또한 어머니가 재혼했을 경우에는 새 아버지와 친아버지 쪽의 가문 중 어느 쪽에 속해야 할지 몰라 갈등을 겪는다.

   이러한 가정해체로 나타나는 유아의 정서적인 반응에 대한 선행연구를 살펴보면, 이혼가정의 자녀와 전체 정신건강 간에 유의한 상관관계를 보이고 있으며(주소희, 1992) 이혼가정의 자녀가 일반 가정의 자녀보다 자아존중감과 생활 만족도가 낮으며(김남숙, 1993), 걱정, 분노, 우울증, 열등감, 심지어는 죄책감 등의 정서적인 갈등을 보이는 것으로 나타났다. 또한 이혼가정 아동은 정서적으로 믿었던 부모님에게 배신당했다는 생각을 가지고 있으며 '부모가 나를 버리면 어떻게 하나? 나를 누가 돌봐 줄 것인가?' 하는 염려 때문에 두려움에 빠지고 비현실적인 공포감까지 느끼게 된다. 또한 유아들은 자신들 때문에 부모가 이혼한다는 생각으로 죄의식과 수치심을 느끼고, 우울해하는 경우가 많으며 친구들이 부모의 이혼 사실을 알까봐 두려워하거나 수치심을 느껴 친구들을 기피하기도 한다(Wallerstein & Kelly, 1980).

이러한 정서적인 혼란을 겪는 이혼가정 아동의 가장 큰 문제점으로 떠오르는 것은 비행에 대한 우려이다. 비행의 경우 남아들이 여아들에 비해 사회적으로 더 부정적인 행동을 보이는데(Block, Block & Gierde, 1988) 남아들이 비행을 보이는 이유는 아버지와 헤어져 살 경우 같이 보내는 시간이 상대적으로 적고 성역할 모델이 가까이 없기에 느끼는 좌절감 때문이다(Lamb, 1981; 채규만, 1997, 재인용). 여아의 경우는 남아와 같이 좌절감을 느끼지만 그 좌절감을 내적으로 나타내는 반면, 남아들은 외적으로 표현하는 경향이 있기에 더 많이 비행에 가담한다(Allison & Furstenberg, 1989)고 본다.

이혼으로 발생한 한부모가정 아동을 이해하기 위해 이혼 및 적응과정을 살펴보면 다음과 같다. Guttmann(1993)은 이혼자의 이혼 적응과정을 결정, 분리, 투쟁, 극복의 단계로 나누어 보고 있다.

결정단계는 결혼에 대한 낭만적인 생각이 사라지고 부부관계가 계속 악화되어 이혼을 결정하는 시기이다. 분리단계는 이혼을 결정하고 헤어지는 단계로 상실로 인한 고통, 고독감, 두려움 등을 느끼게 되는 시기이며 투쟁단계는 이혼한 부부가 분리된 가구가 되어 새로운 출발을 하는 시기로 이혼 이후에도 분노나 배신감이 재강화된다. 극복단계는 이혼 후 적응의 성공 여부가 결정되고 지속되는 시기로 개인의 삶을 총체적으로 재조직화하고 높은 인격성장과 자아실현의 정도를 획득하게 되는 시기이다(허정원, 1998).

반면 Wallerstein과 Blakeslee(1989)는 이혼자와 자녀가 자신의 이혼경험을 보는 시각과 이혼이 삶에 미치는 영향을 살펴보고 이혼의 감정적 단계를 제시하였다. 이혼 적응과정의 첫 단계는 한 부모가 가족체계를 떠나게 되면서 실제적으로 이혼이라는 사건이 일어나는 시

기로서 이혼 직후부터 약 1년간이다. 두 번째 단계는 새로운 가족구
조 내에서 익숙지 않은 역할과 관계를 형성하며 새로운 생활방식에
적응하는 시기로 이혼가족은 가족 내의 체계를 재조직화하고 사회관
계망을 재정비하게 된다. 이 시기를 어떻게 보내느냐가 이혼적응의
성공 여부를 결정하게 된다. 마지막 단계는 가족체계가 안정을 되찾
는 시기로 불안정성이 사라지고 자신과 삶의 목표에 다시 몰입하게
되는 시기이다(허정원, 1998).

  이혼가정의 아동은 발생 초기 심리적 갈등으로 자아존중감의 상실,
죄의식, 수치심, 우울 등 여러 가지 심리상태를 보일 수 있지만 적응
과정을 거치면서 현실을 극복해 나가게 되면 자신의 삶과 목표를 향
해 나아가는 긍정적인 모습을 찾게 된다. 이러한 내용을 뒷받침하듯
일반적인 한부모가정에 대한 부정적인 연구에도 불구하고 한부모가
정 아동이 일반 가정 아동과 비교해 그리 부정적이지 않다는 연구도
있다. 채규만(1997)은 미국의 이혼가정 자녀들의 자존심, 학업 성취
도 등을 통해 이혼에 대한 영향을 알아보았는데 자존심과 관련하여
이혼가정의 자녀들은 부모의 이혼 후 1-3년간은 낮은 자존감을 나타
내지만(Parish & Dostal, 1980) 그 이후에는 긍정적인 태도를 보이며
(Parish & Wigle, 1985) 학업 성취도는 정상적인 가정의 아동보다
오히려 높게 나타났다(Allison & Fusrstenburg, 1989)고 한다.

  이러한 연구를 종합해 보면 이혼 가정의 자녀들은 그렇지 않은 가정
의 자녀들에 비해 사회적, 행동적 문제를 더 많이 보이며 심리적으로
적응하지 못하고 있다는 연구결과도 있지만 반대로 어떤 경우는 이혼
이 특별히 이혼가정 자녀들의 적응에 부정적이지 않다고 보는 견해도
있다. 이러한 불일치의 결과는 아동이 이혼으로 인해 받는 영향의 정

도가 개인차에 따라 다르며, 이러한 개인차를 결정하는 데 상당히 다양한 변인들이 관계하고 있기 때문(이종숙, 1997)인 것으로 보인다.

2. 반편견교육

1) 반편견교육의 개념과 목적

편견이란 '어떤 사물, 현상에 대하여 그것에 적합하지 않은 의견이나 견해를 가지는 태도'로 Hall과 Rhomberg(1995)는 '편견(bias)'이란 사람들의 독특한 외모, 행동, 라이프스타일로 인해 그 사람에 대해 편애하거나 싫어하거나 두려워하는 견해나 경향이라고 하고, 'anti'는 그 반대의 개념이라고 하였다.

편견은 고정관념, 또는 선입견과 유사한 의미로 사용되기도 하는데 서로 간에 약간의 차이를 보인다. 고정관념은 인지적인 내용 그 자체로서 특별한 집단, 민족, 성에 대한 매우 단순화된 일반화를 가리키며(Derman-sparks와 the A.B.C Task Force, 1989) 선입견은 지배적인 사회적 편견에 의한 강화를 통해서 실제적인 편견으로 발달하여 유아가 가질 수 있는 시초의 생각과 감정, 즉 편견 이전의 생각이라고 볼 수 있다(Devine, 1989). 반면 편견은 다른 사람이나 집단에 대해 좋아하거나 적대시하는 평가적인 측면이 강한 것으로 구별될 수 있다(Jones & Derman-Sparks, 1992). 편견이 고정관념, 선입견과 유사한 개념으로 혼용되는 것이라면 편견의 영향으로 발생할 수 있는 것이 차별적 태도이다. 편견이 태도나 감정에 초점을 맞추는 것이라면 차별은 행동에 초점을 두는 것이다. 차별적 행동은 육체적인 공격만큼이나 상처를 주는 공격적인 행동의 한 형태로 즉각적이고 직접적으로 전달된다(Fennimore, 1994; Ramsey, 1987).

반편견교육은 이러한 편견과 고정관념, 선입견, 차별적인 행동과 관련하여 유아가 불공평한 상황에 직면했을 때 자신과 다른 사람을 지지해 주고 비판적인 생각과 기술을 발달시키는 것으로서 모든 유아들이 다양성을 수용하고 서로 상호 작용하며, 편안하게 감정이입을 발달시키며, 자신 있고 폭넓은 자아정체감을 구성하는 데 그 목적이 있다(Derman-sparks와 the A.B.C Task Force, 1989). 즉 유아들이 사회적인 학습에 의한 영향으로 인종, 종교, 장애, 가족, 다문화 등에 대한 고정관념과 선입견에 대항하여 개인 및 집단을 이해하고 수용적인 태도를 가질 수 있도록 적극적으로 행동할 수 있도록 하는 것이다.

이러한 반편견교육의 특성에 따라 Remsey(1987)는 반편견교육의 목적으로 첫째는 성차, 인종, 계층, 문화, 개인의 정체성에 대한 긍정적 발달, 둘째는 다른 집단에 소속된 개인을 인식하고 감정이입하여 관련짓는 능력, 셋째는 다른 사람의 삶의 방식에 대한 이해와 존중, 넷째는 다른 사람에 대한 관심과 개방, 타인을 기꺼이 수용하고 협동하려는 마음, 다섯째는 사회에 대한 현실적 인식, 책임감, 자신의 가족이나 집단을 초월한 적극적 관심, 여섯째는 사회 환경에서 비평적인 분석가 및 활동가가 될 수 있는 자율성, 일곱째는 모든 사회현상에 참여자가 될 수 있도록 하기 위한 사회적 지식의 발달, 여덟째는 가정과 학교의 효과적이고 상호 협력적인 관계라고 제시하고 있다.

이러한 여러 학자들의 견해를 종합해 보면 반편견교육의 목적은 모

22

든 어린이들이 다양성을 수용하고, 편견에 대응하는 힘을 길러 주어 스스로 환경과 상호 작용하며, 편안한 감정이입을 발달시키고, 폭넓은 자아정체감과 태도를 갖도록 구성하게 하는 것으로 볼 수 있다.

2) 반편견교육 교수전략

반편견교육을 효과적으로 실시하기 위한 교수전략으로 서영숙 (2001)의 성에 대한 교수전략 모형을 들 수 있다. 서영숙(1986)은 성 평등 역할 교육의 효과 연구에서 Porro(1982)와 Sadker, Sadker(1976) 등이 사용한 과정중심적 교수방법을 사용하여 준비단계, 교수단계, 실 천 및 평가단계로 이어지는 반편견유아 성교육프로그램의 교수전략을 수립하였다. 이 과정중심적 교수방법은 교실환경 구성과 교재·교구의 제작, 교육이나 회의를 통한 교사의 반편견 성교육 및 성평등 역할에 대한 인식을 돕는 준비단계로부터 시작된다. 이어 교수단계에서는 교 사가 직접 의식의 변화를 제시하고, 전달하는 것이 아니라 유아들 스 스로 제시 자료와 비슷한 경험들을 이야기하고, 그들 나름대로의 생각 을 마음껏 펼치면서 자신이 잘못된 지식이나 치우친 사고, 그리고 성 고정관념을 갖고 있음을 의식하게 한다. 또한 제시된 자료들을 활용해 서 바람직한 방향으로의 성교육에 대한 의견을 나누며 최종적으로 교 육과 관련된 활동을 직접 해 볼 수 있는 기회를 제공한다.

이러한 반편견교육의 교수전략 중 교수단계에서 활용될 수 있는 방법으로는 그림동화를 활용한 문학적 접근과 사연 있는 인형의 사 용, 토의 중심 활동을 들 수 있다. 유아문학은 유아를 위한 문학으로 형식과 내용에서 문학적, 예술적 수준을 만족시켜 주고 유아의 성장

발달에 유익하며 유아의 욕구를 충족시켜 주어서 유아들이 즐겨 읽는 책이다. 또한 좋은 문학은 유아들로 하여금 세상의 변화를 느낄 수 있는 능력과 세상을 바라보는 능력을 키워줘(김은정, 2000) 반편견교육을 실시하는 데 꼭 필요하며 반편견교육을 위한 중요한 자원으로 활용되고 있다.

그림동화를 활용한 문학적 접근방법을 사용할 때에 먼저 고려해야 하는 것은 반편견 도서로 적합한 문학작품을 선정하는 것이다. 이어 전래동화를 패러디해 보거나 생활 속의 이야기를 들려주고, 교사의 창안된 이야기를 활용하며 정보 제공을 위한 도서, 위인전 등을 사용하기도 한다. 특히 전래동화는 민족의 가치, 꿈, 도덕성, 소원과 같은 내용이 담긴 것으로 그 나라의 유아들에게 삶의 가치관과 도덕적인 교훈을 흥미 있게 전달해 주기 때문에 사회가 지향하는 가치를 전수해 줄 수 있어 반편견교육 접근법으로 활용되고 있다(Derman-sparks와 the A.B.C Task Force,1989).

또한 반편견교육과정에서 중점적으로 사용되는 것으로 사연 있는 인형을 들 수 있다. 이연승(1999)은 좋은 그림책은 유아에게 간접경험을 제공하고 사람들의 감정을 이해하도록 하여 반편견교육자료로 많이 활용되고는 있지만 아이들에게 일상생활에서의 특별한 사건을 다루는 직접적 경험을 제공하는 데에는 충분하지 못하다고 보고 사연 있는 인형의 사용을 권장하고 있다.

사연 있는 인형은 어린이들의 일상생활에서 다루어져야 할 이야기를 교사가 구성하거나 창안하여 전달하고 생활 속에서 발생하는 문제를 해결하는 데 도움을 주고자 한 것으로 반편견에 대한 태도를 발달시키고 편견에 대응하는 능력을 길러주는 데 그 목적이 있다

(Derman-sparks & the A.B.C Task Force, 1989).

　최근 사연 있는 인형의 활용이 필요시 되면서 사연 있는 인형의 크기를 10인치에서 어린이 크기만 한 것이 사용되고 있다. 하지만 반편견교육에 사용되는 사연 있는 인형이 꼭 어린이들과 똑 같은 모습을 하고 있을 필요는 없다. 사연 있는 인형의 사용목적이 대상 어린이의 자아존중감을 높여주고, 상호 작용을 편안하게 할 수 있도록 돕는 것이라면 심리적인 갈등상황을 재연해 유아의 마음에 직접적인 상처를 안겨 줄 필요는 없는 것이다. 특히 한부모가정, 이혼가정, 입양가정의 경우 사람 모양의 인형을 사용하는 것보다 동물인형을 사용하는 것이 더 좋다.

　또 다른 반편견교육의 방법으로 토의 활동을 들 수 있다. 토의는 유아에게 다른 사람의 생각을 들을 수 있는 기회를 제공하고, 이를 통하여 타인의 생각을 수용하며, 문제해결의 과정을 경험하게(전문숙, 2001) 한다. 토의는 가치와 태도에 중점을 두는 반편견교육에 자주 사용되는데 한부모가정의 갈등 및 편견의 상황에서 문제해결 능력을 키워주고, 올바른 가치판단의 기회를 제공하여 친사회적 태도와 대응 능력을 길러주고자 할 때 활발히 이용될 수 있다.

　이러한 토의 활동이 그림동화에 등장한 인물의 편견적 요소를 찾아내는 데 사용된다면 편견적 사고를 제거하거나 줄이도록 하여 비판적인 사고에 의한 새로운 인식의 전환을 맞이하게 할 수 있다.

3) 반편견유아교육에 관한 연구동향

(1) 반편견유아교육 내용

우리나라는 1995년 이후 반편견교육에 대한 관심이 높아지면서 반편견에 대한 필요성이 강조되고 있다. 교육부는 제6차 유치원 교육과정 개정안(1998) 사회생활 영역에서 다른 나라 사람과 그들의 생활과 풍습에 관심을 가지고 존중함으로써 편견을 가지지 않고 수용하는 태도를 기를 수 있는 반편견적인 내용을 포함하고 있으며, 대한유치원교육협회와 한국어린이교육협회(1999)는 공동으로 문학을 통한 반편견교육활동이란 주제로 세미나를 개최하여 반편견교육의 실제적인 방안을 소개하기도 하였다. 그러나 반편견교육이 본격적으로 사용된 것은 1998년 한국어린이육영회에서 반편견교육을 학술대회의 주제로 삼게 되면서부터이다. 그 이전에는 주로 성역할 고정관념에 대한 교육, 양성평등교육, 성평등 역할교육 등의 용어를 사용하였다.

서영숙(2001)은 반편견교육에 대한 용어가 소개된 지는 얼마 안되었지만 최근 2년여 동안 반편견유아교육에 관해 약 22편의 연구가 쏟아져 나왔다고 설명하며 반편견교육에 대한 연구활동을 다음과 같이 소개하고 있다. 연구의 내용을 분석해 보면 반편견교육을 위한 기초 연구로서 유아들의 편견 영역에 대한 인식과 태도를 조사한 연구(송숙진, 1999), 부모를 대상으로 성교육의 내용(송정아, 1998)을 알아보거나, 유아들의 성에 관한 질문유형을 알아본(유재련, 1999) 연구와 반편견교육에 대한 유아 교사들의 인식 및 실태조사(김래경, 2001; 김정희, 2000)에 대한 연구가 있다.

그리고 실제 교육 현장에 적용하여 그 효과를 알아보고자 한 연구논문도 다수 있는데 이를 편견의 영역으로 나누어보면, 성(강소원, 2000; 성구진, 1995; 황은주, 2000), 장애(손미숙, 2000; 송숙진, 1999; 이유환, 2001; 정은영, 2001; 최연자, 2001), 외모(권현수, 2000), 인종(이정희, 1999) 및 문화(김광억, 1995)의 네 영역에 대한 연구가 진행되었음을 알 수 있다. 이에 덧붙여 이혼율이 급증하는 시대상을 반영하듯 '가족구성(이혼)'에 대한 반편견교육(박해미·정종원, 2000)이 최근 들어 거론되고 있다.

편견의 영역 구분 없이 전반적인 반편견교육과 관련된 연구들로는 반편견교육을 위한 도서의 분석(김은정, 2000), 동화를 이용한 반편견교육의 효과(강미형, 2001; 김지현, 2000), 그리고 반편견교육활동이 유아의 자아개념, 조망 수용능력 및 친사회적 행동에 미치는 영향(양복순, 2000)에 대한 연구들이 있다.

이러한 연구들을 살펴보면 반편견교육은 성, 장애에 집중되고 있는 편이며 최근에는 가족구성(이혼)에 대한 반편견교육이 조금씩 언급되고 있는 것을 알 수 있다(서영숙, 2001).

(2) 반편견교육의 방법

반편견교육의 내용에 따른 교육 방법들을 대상, 기간, 횟수, 교수방법 등으로 나누어 살펴보면, 먼저 연구대상은 3세~5세 유아가 대부분이며 필요에 따라 초등학교 3, 9학년까지의 아동(Guttentag and Bray, 1976)을 대상으로 하고 있다. 연구 기간은 연구의 필요성에 따라 5일 동안 매일 30분씩(Flerx, Fidler and Roger, 1976) 실시하는 경우부터 2주 동안 매일 30~40분씩(강소원, 1999) 실시하거나, 5주간 11회에 걸쳐 1회당 20분씩(성구진, 1995), 5주에 총 5회 15분~25

분 실시(권현수, 2000: 윤혜원, 1989: 최연자, 2001)하는 경우, 6주 동안 모든 과목에서 다루거나(Guttentag and Bray, 1976) 6주 동안 6회에 걸쳐(최경화, 2001) 실시하는 경우도 있었다.

주로 사용된 교수방법으로는 그림책을 활용(강소원, 1999: 권현수, 2000: 박해미·정종원, 2000: 윤혜원, 1989: 홍연애, 1991: 황은주, 2000: Flerx, Fidler and Roger, 1976: Glickman, 1992)하거나 개작된 전래동화(김지현, 1999), 사연 있는 인형(최연자, 2001), TV, VTR (최경화, 2001: 홍연애, 1993) 등을 사용하였다.

이들의 중요 활동은 언어활동, 이야기 나누기, 조작, 수학, 미술, 역할, 토의 활동 등으로 이루어졌으며(양복순, 1999: 이정희, 1999) 때에 따라 부모훈련(Glickman, 1992) 등을 실시하기도 하였다.

(3) 한부모가정 선행연구 개관

우리나라의 한 민간단체인 한국여성민우회는 한부모가족의 의식 및 욕구 기초조사(1999)를 실시하여 한부모가정의 의식과 욕구에 대해 조사하였다.

한부모가족 의식 및 욕구 기초조사는 편모가정 61명을 대상으로 사회의 편견으로 인한 어려움, 대중매체에 대한 의견, 한부모가정의 가장 어려운 점 등에 대한 의견을 물었다. 이 조사에서 편모들은 사회로부터 부당한 대우를 받지 않기 위해 한부모가정이라는 사실을 숨기고 있는 것으로 나타났고 그러한 이유로 굳이 이야기할 필요가 없어서(40%), 자녀에게 부정적인 영향이 미칠까봐, 문제 있는 여자로 인식될까봐, 쓸데없는 동정심이 싫어서, 무시당할까봐 등이라고 응답하였다.

  또한 한부모가정의 자녀가 편모와 산다는 이유로 불이익을 받거나 상처를 받은 일이 있는지 알아본 결과 응답자의 32.8%가 '예'라고 응답하고 65.6%가 '아니오'라고 응답하였다. 하지만 아니라고 응답한 경우는 실제로 상처받은 경험이 없어서가 아니라 주위에 알리지 않았기 때문에 불이익을 당하거나 상처를 입지 않은 것으로 볼 수 있다(한국여성민우회, 1999).

  대중매체에서 한부모가정의 모습을 현실에 맞게 잘 그리고 있는지 알아본 결과 '비현실적으로 표현되었다'가 59%로 가장 높았고 그 이유로는 '너무 편견을 가지고 어둡게 그렸다'는 것과 '현실을 무시하고 지나치게 미화했다'는 것으로 나뉘어졌다. 그 내용을 보면, '왠지 불행한 여자', '뭔가 문제가 있는 여자'로 보이는 경우가 많고, 한부모가 되는 상황을 여성이 선택한 경우 절반 이상이 불행한 결말을 맺게 된다고 보았다. 또한 아이, 사회, 교우관계, 경제력 등에서 당당하거나 자연스럽지 못한 약자의 모습으로 표현되고 한부모 밑에서 자란 아이들은 늘 어둡고 불행하게 비치며, 정서적인 문제를 안고 있는 것처럼 표현한다. 또한 문제 있는 학생들은 모두 한부모가정이기 때문에 비행을 저지르는 것처럼 하고 양부모가 있는 경우는 비행을 저지른다고 하여도 사회문제로 잘 다루지 않는다고 보고 있다.

  이러한 한부모가정 구성원이 느끼는 사회의 편견과 고정관념, 배타적인 자세들은 한부모가정에게 수치심, 모멸감을 느끼게 하여 사회와 격리되거나 소외되는 현상을 유발시킬 수 있다. 특히 유아기에 있는 한부모가정 아동에게는 사회의 부정적인 인식이 자아존중감에 영향을 미칠 수 있으므로 한부모가정에 대한 반편견교육을 유아교육 현장에 실시하여 이혼 및 사망으로 발생한 한부모가정에 대한 이해를 높이는 것이 필요하게 되었다.

이에 이혼개념을 중심으로 반편견교육과정을 유아에게 적용해 보고자 하는 시도가 박해미·정종원(2000)에 의해 이루어졌다. 이 연구는 만 5세 반 유아 26명을 대상으로 이혼과 관련된 그림동화를 들려준 후 여러 가지 후속활동을 전개하였다. 반편견 도서로 선정된 동화는 '코코야 네 잘못이 아니야', '엄마, 아빠가 이혼했어요', '공룡의 이혼', '토요일은 아빠의 집에서', '따로따로 행복하게' 등 5편이었다. 후속활동으로는 주인공에게 편지쓰기, 그림 그리기, 상상해 보기, 이야기 나누기, 정의 내리기, 동화 전후 이야기 짓기 등이었으며 5월 가족단원에 2-3일 간격으로 약 3주에 걸쳐 진행되었다. 이러한 반편견교육을 실시하여 사전, 사후 면접결과를 비교해 본 결과 유아들은 '이혼'에 대한 개념을 쉽게 이해하였고 사고를 확장하는 계기를 마련하였다.

이와 같이 한부모가정에 관한 연구들을 종합해 보면 한부모가정 구성원들은 사회의 편견으로 인해 부당한 대우를 받고 있으며 그 자녀들도 문제아로 인식되는 등 부정적으로 평가받고 있는 것으로 나타났다. 이러한 이혼가정에 대한 반편견적 사고를 키워주기 위해 이혼의 개념을 중심으로 반편견교육과정을 적용해 본 결과 유아의 이혼에 대한 개념 이해를 돕는 것으로 나타났다.

따라서 한부모가정에 대한 반편견교육을 개발하여 실시한다면 이혼, 사망으로 인한 한부모가정의 인식에 긍정적인 전환을 가져올 수 있을 것으로 사료된다.

Ⅲ	한부모가정 반편견유아교육프로그램의 개발

1. 프로그램 개발 절차

한부모가정 반편견유아교육프로그램의 개발은 선행연구 고찰을 통한 교육프로그램(안) 마련, 유아의 한부모가정에 대한 인식조사, 교사교육프로그램 및 교사교육 실시, 교육프로그램 개발 확정의 절차를 거쳐 〈그림 Ⅲ-1〉과 같이 이루어졌다.

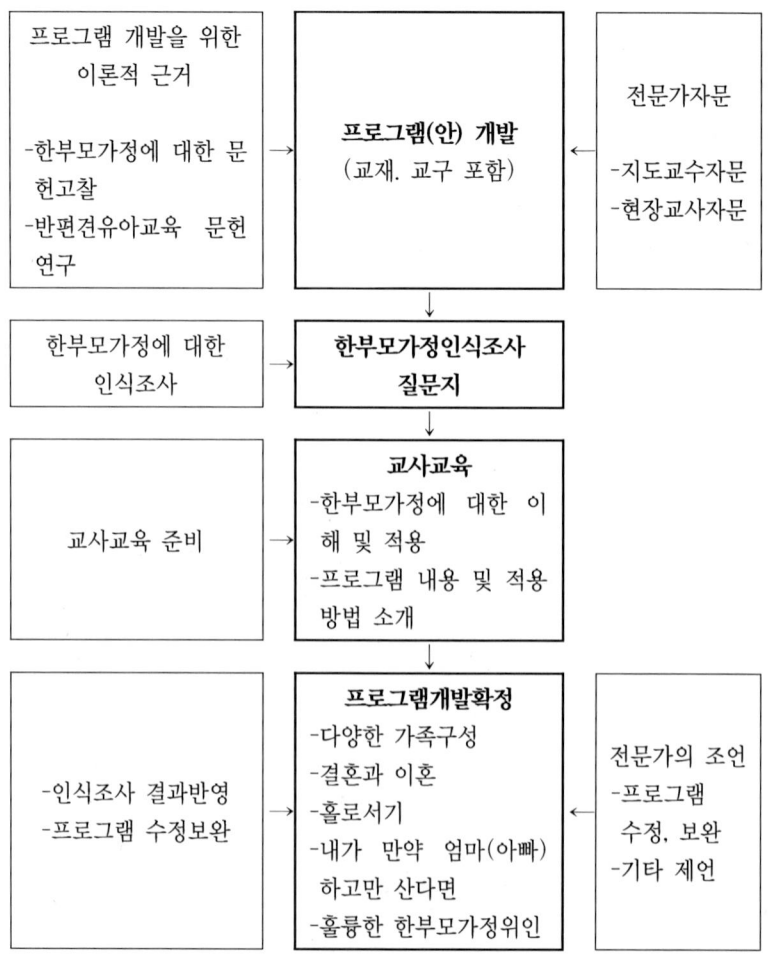

〈그림 Ⅲ-1〉 한부모가정 반편견유아교육프로그램의 개발 절차

1) 한부모가정 반편견유아교육프로그램의 개발을 위한 문헌연구

한부모가정에 대한 반편견유아교육프로그램 개발은 유아교육기관
이나 어린이집에 다니는 유아들이 가지고 있는 한부모가정에 대한

편견, 고정관념을 없애고 한부모가정에 대해 바르게 이해할 수 있도록 돕는 데 목적을 두고 개발되었다. 이를 위해 선행연구에 대한 문헌고찰을 통해 한부모가정 반편견교육의 목적과 목표를 정하고 교수전략 등 교육방법을 구성하였다. 이런 과정에서 프로그램 개발의 세부내용으로 유아의 한부모가정에 대한 인식조사를 거쳐 다양한 가족구성형태, 결혼 그리고 이혼, 홀로서기, 내가 엄마(아빠)라고만 산다면, 훌륭한 한부모가정의 위인 등 5단계를 두었다.

2) 전문가의 자문을 통한 한부모가정 반편견교육프로그램 설계 및 확립

지도교수 1인과 유아교육 및 보육전문가 1인의 자문을 거쳐 한부모가정 반편견교육프로그램의 주제와 주요 접근방법, 주제에 따른 활동, 내용들을 정하고 적용대상을 유아교육기관의 7세 아동으로 확정하였다.

한부모가정에 대한 반편견유아교육프로그램의 주제는 유치원교육과정과 반편견교육의 특성을 통합하여 진행하기로 하였으며 한부모가정의 특성에 따라 다양한 가족구성형태, 결혼 그리고 이혼, 홀로서기, 내가 만약 엄마(아빠)하고만 산다면, 훌륭한 한부모가정의 위인 등으로 정하고 종일제 프로그램의 1주 5일간의 교육과정으로 구성하기로 하였다.

주요 활동 영역으로는 6차 교육과정에 따라 생활 영역으로 구분하여 건강생활, 사회생활, 표현생활, 언어생활, 탐구생활로 구분하고 주요 활동으로 이야기 나누기, 언어활동, 그림동화, 동극, 수 활동, 과학활동, 신체표현, 미술활동, 음악활동, 게임 등을 두도록 하였다.

3) 한부모가정 반편견유아교육프로그램 구성

한부모가정 반편견유아교육프로그램은 반편견교육에 대한 문헌고찰을 통해 반편견교육의 목적 및 목표, 내용, 방법 등으로 구성하였다.

(1) 한부모가정 반편견교육의 목적

반편견교육의 목적을 바탕으로 한부모가정에 대한 반편견교육의 목적은 가족구성, 가족의 역할, 직업 등 일반적인 가정의 모습만을 강조하는 가족에 대한 교육에서 벗어나 한부모가정을 소개하고 한부모가정의 현실을 이해할 수 있도록 그들의 심리적인 감정과 자녀교육, 경제적인 어려움 등의 고충을 알아보고, 사회의 비난과 눈총으로부터 받는 상처, 현실극복을 위한 노력 등을 강조하고 주어진 상황에 최선을 다하며 행복하고 안정된 가족체계를 재정립해 가는 모습 등을 포괄적으로 다루었다.

반편견교육의 목적(Derman-Sparks & the A.B.C Task Force, 1989)을 바탕으로 한부모가정 반편견교육의 목적을 연구자는 다음과 같이 제시하고자 한다.

① 긍정적인 자아정체감 발달시키기
 -한부모가정 아동의 자아존중감을 형성하기 위해 독립적이고 자율적인 존재로서의 자신에 대해 인식하기
 -부모와는 관계없이 독립적이고 자율적인 존재임을 인식하기
 -자신의 가족구성형태 알기

-가족구성에 따른 집단에 대해 인식하기

② 다양성에 대해서 편안하고 감정이입적인 상호 작용하기
-다양한 가족구성형태 알아보기
-한부모가족과 양부모가족, 대가족 등을 분류하는 능력 기르기
-한부모가정의 어려움과 고충 이해하기
-한부모가정 입장에서 생각하는 능력 기르기

③ 편견에 대한 비판적 사고 기르기
-한부모가정에 대한 긍정적인 면과 부정적인 측면 분류하는 능력
 기르기
-한부모가정 간의 유사점과 차이점을 비교하는 능력 기르기
-한부모가정에 대한 잘못된 정보 비판할 수 있는 능력 기르기

④ 편견에 대하여 올바르게 행동하기
-한부모가정에 대한 잘못된 인식을 수정하고 자신의 감정을 표현
 하는 능력 기르기
-한부모가정을 이해하고 사회적인 지지 보내는 능력 기르기
-불합리한 상황에서 한부모가정을 옹호하고 적극적으로 대응하는
 자세 기르기

즉 한부모가정에 대한 반편견교육의 목적은 한부모가정을 있는 그
대로 수용하고 그들의 어려움과 처지를 이해하고 공감하며, 그들의
필요를 채워주고 수용할 수 있도록 하며, 한부모가정 아동이 사회의
편견으로부터 벗어나 사회의 한 구성원으로서 바르게 성장할 수 있

도록 돕는 것이다.

또한 한부모가정 아동이 현실을 있는 모습 그대로 받아들이고 자아존중감을 형성하도록 하며, 자신의 잠재능력을 개발할 수 있도록 가정 - 학교 - 사회로 이어지는 체계적인 지원을 요구하는 것이다.

(2) 한부모가정 반편견교육의 내용

한부모가정 반편견교육에서 다루어져야 할 교육 내용은 다음과 같다.

① 다양한 가족구성형태 이해하기

다양한 가족구성형태를 살펴보아 가정의 다양성을 이해하게 한다. 이는 양부모가정만을 이상적인 가족의 구성형태로 생각하는 유아들에게 가정은 외형적인 모습 이전에 즐거움과 행복이 넘치는 화목한 가정이 참된 가정의 모습임을 알려주고자 하는 것이다. 이를 위한 활동으로는 동물나라 가족들, 수수께끼, 엄마 또는 아빠하고만 사는 동물, 벽화 그리기, 신체표현 동물가족 등을 들 수 있다.

② 결혼에서 이혼까지의 가족해체과정 이해하기

한부모가정은 갑작스런 배우자의 사망으로 발생하기도 하지만 이혼과 같이 이전부터 조금씩 형성되어 발생하는 경우가 많다. 이러한 한부모가정을 이해하기 위해서는 한쪽 부모의 사망으로 인한 충격과 상실감으로부터 벗어날 수 있도록 지원하여야 할 필요도 있지만 다양한 갈등을 빚고 있는 가정의 모습을 보여줌으로써 자신이 속한 가정의 모습을 직시하게 하고 다른 유아들도 비슷한 환경 속에서 성장한다는 것을 알게 하고자 하였다. 이를 위한 활동으로는 '결혼과 행복', '이혼과 소망', '우리 집은', '따로따로 행복하게', '내가 드미트리어 스와 폴라라면' 등을 들 수 있다.

③ 이혼 후의 적응과정 이해하기

한부모가정이 되어 사회로부터 비난과 눈총을 받으면서도 긍정적으로 가족체계를 형성해 가는 가정을 소개한다. 일반적으로 한부모가정에 대한 인식은 부정적이며 사회의 악재로 생각하는 경향이 많다. 이러한 편재된 정보로부터 한부모가정을 바르게 인식시키고 긍정적인 사고를 갖도록 하기 위해 홀로서기를 통해 성숙해 가는 한부모가정을 접하게 할 수 있다. 이를 위한 활동으로는 '우리 집은 행복해요', '난 영대와 달라요', '나의 감정 지수', '조각' 등을 들 수 있다.

④ 한부모가정에 대한 감정이입

한부모가정을 바르게 이해하도록 하기 위해 유아의 감정이입을 촉진하여 한부모가정의 일원이 되어 보는 기회를 제공한다. 또한 한부모가정 아동이 한부모와 살아가는 모습을 통해 부모에게 효도하는 마음을 갖도록 하며, 재혼가정과 같은 새로운 가족체계에 대해 관심과 긍정적인 시각을 갖도록 돕는다. 이를 위한 활동으로는 '북두칠성이 된 형제들', 패러디 '내가 만약 엄마(아빠)하고만 산다면', '북두칠성 환경판 꾸미기', '징검다리 놓기 게임', 인형극 '새엄마(새아빠)가 오신대요' 등을 들 수 있다.

⑤ 한부모가정 아동의 자아존중감 기르기

이는 한부모가정 아동에 대한 자존감과 잠재능력을 키워주는 것이다. 한부모가정은 부모의 이혼, 사망, 별거 등으로 인해 발생 초기에

38

갈등상태에 놓이기 쉽다. 이러한 갈등은 한부모가정 아동에게 낮은 자아존중감을 형성하게 하고 학습 능력을 저하시켜 학교생활에 적응하기 어렵게 한다. 이러한 부적응 행동으로 한부모가정 아동은 친구들로부터 배척당하고 고립될 수도 있으며 사회 부적응아로 낙인찍히기 쉽다. 따라서 한부모가정 아동에게 한부모가정 출신 위인의 업적과 행적을 소개하여 그들에게 미래에 대한 희망을 심어주고 자신감을 갖도록 돕는다. 뿐만 아니라 일반 아동에게는 한부모가정 아동의 잠재가능성을 통해 그들을 무시하거나 얕잡아 보는 일이 없도록 하고 바람직한 또래 우정관계를 형성할 수 있도록 한다. 이를 위한 활동으로는 '한부모가정 위인 소개하기', '내가 좋아하는 한부모가정 위인', '위인 모셔오기', '위인 집 만들기', '베토벤의 영웅' 등을 들 수 있다.

2. 한부모가정 반편견교육의 교수전략

서영숙(1987)의 교수전략을 바탕으로 한부모가정 반편견유아교육 프로그램의 교수전략(그림 Ⅲ-2)을 세우면 먼저 준비단계에서는 한부모가정의 교실환경을 구성하고, 반편견 교재 교구를 제작하며 이어 교사교육을 실시한다. 교수단계에서는 유아들이 가지고 있는 이혼, 한부모가정, 재혼에 대한 생각을 통해 유아의 편견과 고정관념을 알아보고 반편견교육을 실시해 인식의 전환과정을 토의하고 자신의 생각을 표현하는 기회를 가진다. 실천 및 평가단계에서는 유아들이 작업한 작품이나 결과물을 전시하고 활동과정에서 느낀 점들을 알아보고 사고의 전환을 이야기 나눈다.

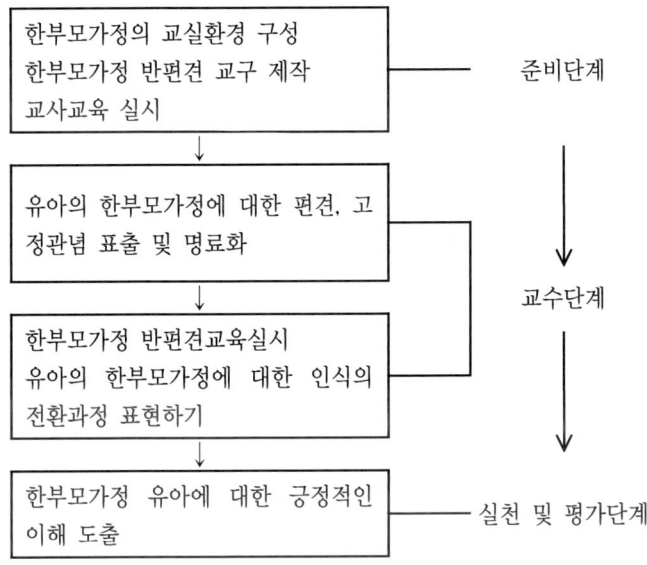

〈그림 Ⅲ-2〉 한부모가정 반편견유아교육프로그램의 교수전략

1) 준비단계

(1) 한부모가정 반편견교육을 위한 환경구성

반편견교육 환경을 고려한 한부모가정 반편견교육의 환경구성은 자유선택활동 시간의 영역 구성, 전시 및 실물자료, 각종 도서나 비디오, 인터넷 사이트 등 모든 것을 포함한다. 특히 종일반 프로그램으로 실시되는 본 프로그램의 특성상 영역별 활동이 자유롭게 이루어질 수 있도록 풍부한 자료를 준비해 둘 필요성이 있다. 이를 위해 언어 영역에는 결혼, 이혼, 한부모가정, 훌륭한 위인의 전기 등 여러 가지 도서를 배치하여야 한다. 소꿉놀이 영역에는 한부모가정과 관련해 감정이입을 돕도록 특정인의 의상과 여러 가지 소품을 준비해 둔

다. 특히 그림동화에 나오는 주인공의 의상이나 특정 위인의 의상, 또는 사연 있는 인형을 놓아둔다. 수·과학 영역에는 나의 감정 지수 판, 내가 제일 좋아하는 한부모가정 위인 그래프, 다양한 가족구성을 나타내는 동물사진, 한부모가정 사진, 한부모가정 출신의 위인 사진 등을 벽면에 붙여 놓을 수 있다. 미술 영역에는 유아의 감정, 생각 등을 쉽게 표현할 수 있도록 각종 필기도구와 종이를 준비해 둔다. 이때 붓과 먹물 등도 준비하여 한국의 위대한 한부모가정 출신 화가의 작품도 모방할 수 있도록 한다. 컴퓨터 영역에는 주제와 관련된 인터넷 사이트를 '즐겨 찾기'에 저장해 둔다. 예를 들면 한부모가정 홈페이지, 위인 인터넷 사이트 등을 소개한다.

(2) 한부모가정 반편견교육을 위한 교사의 역할

교사의 역할을 지원하기 위해 한부모가정 반편견교육을 실시하는 교사의 전략을 연구자는 다음과 같이 소개해 본다.

첫째, 한부모가정 아동과 양부모가정아동이 모두 참여할 수 있는 교실에서 자연스럽게 가족구성에 대해 이야기할 수 있는 긍정적인 분위기를 마련한다.

둘째, 그림동화, 사연 있는 인형, 그림 자료, 인터넷 등을 활용하여 한부모가정에 대한 다양한 정보를 제공한다.

셋째, 한부모가정 구성원을 초대하여 한부모가정이 된 배경과 원인, 현재의 가정 분위기, 어려움, 미래의 소망 등에 대해 긍정적인 사고를 가질 수 있도록 이야기를 전개한다.

넷째, 이혼으로 인한 한부모가정을 비판적인 시각으로 바라보기에 앞서 이혼가정을 이해하고 이혼의 선택을 존중할 수 있도록 감정이입을 통해 한부모가정을 이해할 수 있는 기회를 제공한다.

다섯째, 교실에 한부모가정 유아가 있는 경우 사연 있는 인형을 이용해 교사가 창안한 이야기를 중심으로 한부모가정의 현실과 재혼가정에 대한 관심을 적극적으로 접하게 한다.

여섯째, 한부모가정의 긍정적인 면과 부정적인 면을 비교하고 서로 자연스럽게 의사소통할 수 있는 환경을 제공한다.

일곱째, 한부모가정 자녀에 대해 자존감을 세워주고 잠재능력을 키워준다. 이를 위해 현존하는 훌륭한 인물에 대한 정보를 수집하거나 위인전을 통해 자긍심을 심어주는 시간을 제공한다.

2) 교수단계

한부모가정 반편견교육의 교수단계에서 강조되어야 하는 것으로는 그림동화를 활용한 문학적 접근방법과 사연 있는 인형의 사용, 토의 중심 활동 등을 들고 있다.

(1) 그림책의 활용

반편견교육의 문학적 접근에서 볼 수 있듯이 한부모가정 반편견교육도 반편견 도서, 전래동화, 교사의 창안된 이야기 등을 중심으로 한 문학적 접근방법을 활용하고 있다. 한부모가정 반편견교육을 위한 문학적 접근방향을 보면 먼저 반편견 도서를 선정하고 전래동화를 사용하여 이를 패러디하고 사연 있는 인형을 사용해 교사가 창안한 이야기를 들려준다. 또한 한부모가정 반편견교육은 전래동화의 특성을 이용하여 그 시대 우리 민족의 풍습과 한부모가정에 대한 인식을 살필 수 있고 한부모가정에 대해 긍정적인 시각을 갖도록 하고 있다.

한부모가정에 대한 반편견유아교육프로그램에 사용된 그림동화는 모두 여섯 가지로 가시고기 아빠의 아기사랑, 흰 토끼 검은 토끼, 따로따로 행복하게, 엄마의 의자, 내 짝꿍 최영대, 북두칠성이 된 형제들이다. 이러한 그림책은 특정한 상황에 처한 유아들을 쉽고 친근하게 만날 수 있다는 장점을 가진다. 한부모가정에 대한 반편견유아교육프로그램은 주제에 맞는 그림동화를 선정하고 그 이야기를 통해 유아들이 생각하고 있는 결혼과 이혼, 한부모가정에 대한 인식을 알아보고 반편견적 사고를 갖도록 하였다.

〈표 Ⅲ-1〉 한부모가정 반편견교육프로그램에 사용된 그림동화

단 계	그림동화책	저 자	출판사
1단계	가시고기 아빠의 사랑	김미경/김희연	아이누리
2단계	흰 토끼와 검은 토끼	가스 윌리엄스	다산기획
	따로따로 행복하게	배빗 콜	지크
3단계	엄마의 의자	베라 윌리엄스	네버랜드
	내 짝꿍 최영대	채인선/정순희	재미마주
4단계	북두칠성이 된 형제들	김완기/박미선	한림출판사
5단계	한석봉	심경석	예림당

그 외 한부모가정에 대한 반편견유아교육프로그램에 사용할 수 있는 그림동화책으로는 다음과 같은 것들이 사용될 수 있다.

〈표 Ⅲ-2〉 한부모가정 반편견교육에 사용할 수 있는 그림책

그림동화책	글/그림	출판사
언제까지나 너를 사랑해	로버트 먼치/안토니 루이스	B.B 아이들
우리 할아버지	존 버닝행	비룡소
사랑하는 할머니	오관기	미라월드
엄마 잃은 아기참새	이영준	한림출판사
아빠는 하나 아기는 열	베네딕트 게티에	베틀북
아빠는 널 사랑해	존 네논	베틀북

〈표 Ⅲ-3〉 한부모가정 출신의 위인전

	그림동화책	출판사
1	페스탈로치	은하수 문고
2	김정희	별빛 문고
3	위싱턴	꿈동산출판
4	밀레	교학사
5	마더 테레사	여명출판사
6	다윈	교학사
7	나폴레옹	한국삐아제
8	간디	계림문고
9	정약용	태서출판사
10	사명대사	태서출판사
11	이퇴계	바른사
12	퀴리 부인	바른사
13	안창호	바른사
14	링컨	바른사
15	베토벤	대일출판사
16	뉴턴	대일출판사
17	이항복	대일출판사
18	김좌진	대일출판사

(2) 사연 있는 인형 활용

이 한부모가정 반편견유아교육프로그램은 사연 있는 인형을 사용
하여 한부모가정 아동이 자신에 대해 좋은 감정을 갖도록 도와주고,
유아들이 타인과 상호 작용하는 것을 편안하게 느끼도록 하며, 유아
들의 공정하지 못하거나 상처 주는 행동들을 다루는 방법을 인식하
고 알도록 도와주고자 한다(이연승, 1999).

사연 있는 인형은 한부모가정 아동에게 자신의 이야기가 아닌 유
사한 환경에 처한 다른 인형의 이야기를 접하게 함으로써 직접적인
상처를 피하고 있으며, 인형극인 '새엄마(새아빠)가 오신대요'처럼 새
가족을 맞이하는 입장에 놓인 유아에게 새 가족에 대한 부정적인 감
정을 버리고 긍정적인 관심을 가질 수 있도록 하고 있다.

특히 이 프로그램의 사연 있는 인형은 사람이 아닌 동물을 사용한
것이 일반적인 사연 있는 인형과 다른 점이라 할 수 있다. 한부모가
정의 특수성으로 인해 사람 모형의 인형 대신 유아들에게 친숙하고
호감을 지닌 곰 가족을 등장시켰으며 사연 있는 인형으로 막대인형
을 활용하기도 하였다.

<표 Ⅲ-4> 사연 있는 인형을 사용하는 활동

단 계	활 동	그림 자료
1단계	신체활동	동물인형(곰돌이)
	과학활동	아기 가시고기 인형
2단계	언어활동	드미트리어스와 폴라 인형
3단계	이야기 나누기	베라 인형
4단계	인형극	동물인형(곰돌이, 곰순이, 엄마, 아빠, 새아빠)

(3) 토의 활동

이 한부모가정에 대한 반편견유아교육프로그램은 토의 활동의 하나로 이야기 나누기 시간에 유아와 교사, 유아와 유아의 상호 작용 기회를 제공하고 자유로운 분위기에서 토의에 임하게 하였다. 토의 활동을 전개하기 전에 먼저 소그룹, 대그룹 등 어떠한 규모의 집단을 대상으로 할 것인지 살피고 한부모가정 아동이 학급에 몇 명이 있으며 어느 집단에 얼마나 포함시키는 것이 좋은지 결정한다. 집단의 규모를 정했으면 한부모가정과 관련된 갈등상황이 담긴 자료를 제시하고 토의 문제를 규명한다. 이어 유아와 진지한 토의를 진행한다. 이때 교사는 유아들이 의견을 제안하고 다른 유아들의 토론을 잘 경청할 수 있도록 개방적인 분위기를 제공한다. 마지막으로 유아들이 토의한 내용을 자연스럽게 실생활에 적용하여 일반화시킬 수 있도록 돕는다.

3) 실천 및 평가단계

(1) 프로그램 결과물 전시

실천 및 평가단계는 유아들이 교수단계에서 문학적 접근, 사연 있는 인형, 이야기 나누기, 언어, 수·과학, 사회활동, 신체표현, 미술활동·음악활동, 동극, 조각 등에서 나타난 그림, 그림책 제작, 그래프 활동 자료, 환경판 꾸미기 등을 전시하여 유아들의 변화된 인식을 확인하고 감상하게 한다.

46

(2) 실천 및 평가

유아들에게 한부모가정에 대한 반편견유아교육을 통해 얻은 것, 달라진 것 등을 이야기 나누게 하고 프로그램의 효과, 즐거움 등에 대해 자체 평가를 하게 한다. 또한 한부모가정 유아를 접하게 되었을 때 편견 없이 받아드릴 수 있도록 실천의 기회도 제공한다.

3. 한부모가정 반편견유아교육프로그램 확정

1) 한부모가정 반편견유아교육프로그램의 구조

한부모가정에 대한 반편견유아교육프로그램은 5단계로 구성되어 있다. 1단계는 다양한 가족구성형태, 2단계는 결혼 그리고 이혼, 3단계는 홀로서기, 4단계는 내가 엄마(아빠)하고만 산다면, 5단계는 훌륭한 한부모가정 위인들이다. 프로그램의 활동 수는 1단계 7개, 2단계 7개, 3단계 6개, 4단계 6개, 5단계 7로 총 12 분야 33개 활동으로 구성되었다.

<표 Ⅲ-5> 프로그램의 활동 내용

활 동	1단계	2단계	3단계	4단계	5단계	합 계
이야기 나누기	1	1	1	1	1	5
그림동화	1	2	2	1	1	7
언어활동	1	1	1	1		4
동극		1				1
인형극				1		1
수·과학	1		1		1	3
미술	1	1		1	1	4
사회		1				1
게임				1	1	2
음악					1	1
신체표현	1		1			1
컴퓨터	1	1			1	3
합 계	7	7	6	6	7	33

2) 한부모가정 반편견유아교육프로그램

한부모가정에 대한 반편견유아교육프로그램은 제6차 유아교육과정과 반편견교육과정을 중심으로 활동을 구성하였다. 또한 한부모가정에 대한 반편견유아교육프로그램은 유아교육과정의 생활 영역인 건강생활, 사회생활, 표현생활, 언어생활, 탐구생활을 조화롭게 배합하도록 하였다. <표 Ⅲ-6>는 5단계 교육계획안으로 각 활동은 자유 선택활동, 이야기 나누기, 그림동화, 언어활동, 수·과학활동, 동극, 인형극, 미술활동, 사회활동, 게임, 음악활동, 신체표현 등 12개 분야 33개의 활동으로 구성되어 있다.

한부모가정에 대한 반편견유아교육프로그램의 일과운영은 <표 Ⅲ

-7〉와 같이 구성되었으나 그림동화를 읽어 주고 후속활동을 진행해야 하는 활동 등 특수한 경우에는 융통성을 두고 운영하였다.

〈표 Ⅲ-6〉 한부모가정 반편견유아교육프로그램

활 동	1단계	2단계	3단계	4단계	5단계
주 제	다양한 가족구성형태	결혼 그리고 이혼	홀로서기	내가 엄마(아빠)하고만 산다면	훌륭한 한부모가정 위인들
목 표	다양한 동물들의 가족구성을 통해 한부모가정을 자연스럽게 접하게 한다.	결혼과 이혼과정을 유아들이 이해할 수 있도록 돕는다.	한부모가정 아동에 대한 편견과 그들의 어려움을 살펴본다.	한부모가정 아동의 생활을 소개하고 이해할 수 있도록 돕는다.	위대한 한부모가정 위인을 통해 한부모가정 아동에 대한 잠재능력을 부각시켜준다.
자유활동 시간	(컴) •동물 사이트		(컴) •홈페이지 소개		(컴) •한부모가정출신위인 사이트
이야기 나누기	•동물나라 가족들	•결혼과 행복	•우리 집은 행복해요	•북두칠성	•한부모가정 위인들 소개
그림동화	•가시고기 아빠의 아기사랑	•흰 토끼 검은 토끼 •따로따로 행복하게	•내 친구 최영대 •엄마의 의자	•북두칠성이 된 형제	•위인전 한석봉
언 어	•수수께끼 (동물가족의 가족형태 알아 맞추기)	•내가 드미트리어스와 폴라라면	•난 영대와 달라요	•패러디 (내가 만약 엄마(아빠)하고만 산다면)	
동 극		•따로따로 행복하게			
인형극				•새엄마(새아빠)가 오신대요	
수·과학	•엄마 또는 아빠와 사는 동물		•나는 기분 지수		•내가 좋아하는 한부모가정 위인은?

활 동	1단계	2단계	3단계	4단계	5단계
미 술	•벽화 그리기	•우리 집은		•북두칠성이 된 형제 환경판 꾸미기	•위인 집 만들기
사 회		• 이혼과 소망			
게 임				•징검다리	•위인 모셔오기
음 악					•베토벤의 영웅
신체표현	•동물가족 모여라		•조각		

〈표 Ⅲ-7〉 한부모가정에 대한 반편견유아교육프로그램의 일과운영

8:30~9:00	도착
9:00~10:00	자유선택활동
10:00~10:30	간식
10:30~11:00	이야기 나누기
11:00~11:20	화장실 및 손 씻기
11:20~11:50	활동 1
11:50~12:00	화장실 및 손 씻기
12:00~1:00	점심
1:00~1:30	바깥놀이
1:30~2:00	활동 2
2:00~2:20	화장실 및 손 씻기
2:20~2:50	활동 3
2:50~3:30	간식
3:30~4:00	활동 4
4:00~4:30	휴식
4:30~5:00	귀가지도 및 평가
5:00~	귀가

3) 활동의 목표 및 내용

한부모가정 반편견유아교육프로그램은 다섯 가지 주제로 구성되어
있다. 각 주제별로 목표와 내용을 살펴보면 다음과 같다.

(1) 1단계 다양한 가족구성형태

1단계의 주제는 다양한 동물들의 가족구성을 통해 한부모가정을
자연스럽게 접하는 것이다. 활동으로는 동물나라 가족들을 소개하고
수수께끼를 통해 동물의 가족형태를 알아보기, 가시고기 아빠의 이야
기를 통해 한부모가정을 소개하기, 엄마·아빠랑 함께 사는 동물들을
중점적으로 알아보고자 하였다.

〈표 Ⅲ-8〉 1단계 '다양한 가족구성형태'

활동/명	목 표	활동 내용	준비물
자유활동시간/동물사이트	컴퓨터를 통해 생생한 동물들의 모습을 살펴본다.	컴퓨터를 활용해 다양한 동물의 가족구성형태를 유아가 직접 인터넷 사이트를 찾아 확인해 볼 수 있게 한다. 호랑이를 찾아서 (http://www.koreantiger.com/) 가시고기(http://kr.encycl.yahoo.com/) 화식조(http://kr.encycl.yahoo.com) 애완동물(http://kr.pets.yahoo.com/) 서울대학교생물학과행동생태학연구실 (http://plaza.snu.ac.kr/~biology/behavior/)	컴퓨터, 노트북, 마우스, 사이트 주소, 인터넷 사용방법 안내표
이야기 나누기/동물나라 가족들	다양한 동물들의 가족구성형태를 알아본다.	유아들이 좋아하는 동물에 대해 이야기를 나누고 유아들이 좋아하는 아기 동물들이 누구와 함께 살고 있는지를 살펴보고, 다양한 가족구성형태를 보고 느낀 점을 이야기 나눈다.	동물그림자료/호랑이 표범 화식조 사자 가시고기 벌 원숭이 코끼리 캥거루 제비 독수리 등

활동/명	목 표	활동 내용	준비물
그림동화/가시 고기 아빠의 사랑이야기	한부모가정 부모 의 자녀 사랑을 알아본다.	그림동화를 듣고 엄마, 아빠하고만 사는 동물에 대해 이야기 나누고 아빠 가시고 기의 사랑을 통해 한부모가정의 부모도 자녀를 사랑한다는 사실을 깨닫게 한다.	그림동화 '가시고기 아빠의 사랑이야기'
언어/수수께끼	동물의 생태를 통 해 가족구성형태 를 알아본다.	유아들이 좋아하는 동물들의 가족구성형 태를 수수께끼 놀이를 통해 알아 맞추게 한다. 유아들은 이 놀이를 통해 자연스럽 게 동물의 가족형태를 접하게 되고 자신 의 가족형태를 깨닫게 된다.	수수께끼 교구
수·과학/엄마 또는 아빠와 사는 동물	엄마(아빠)와 사 는 동물을 알아 본다.	유아에게 엄마 또는 아빠하고만 사는 동 물을 분류하게 하고 왜 엄마, 아빠하고만 살게 되었는지 알아본다.	동물그림자료/호랑 이 표범 치타 가시고 기 화식조 등
미술/ 벽화그리기	동물의 양육 주체 를 보고 유아의 가 족구성형태와 대 조해 본다.	동물의 가족구성을 보고 자신의 가족구 성형태와 같은 동물의 가족을 그려보게 하는 활동이다.	동물가족사진/비디 오, 크레파스, 종이, 가위 등
음악/동물가족 모여라	자신의 가족구성 형태와 같은 동 물의 모습을 동 작으로 나타낸다.	동물의 가족구성형태에 따라 음악을 소 개하고 자신의 가족과 같은 형태의 동물 모습을 표현하게 한다.	사연 있는 인형/동 물그림자료/가시고 기 사자 제비 등/음 악(동물의 사육제)

(2) 2단계 결혼 그리고 이혼

2단계의 '결혼 그리고 이혼'은 이러한 가족해체에 대해 유아가 이 해하고 받아들일 수 있도록 결혼, 부모의 불화, 이혼으로 이어지는 내용을 중점적으로 구성하였다. 이를 위한 활동으로는 결혼과 이혼에 대한 이야기 나누기, 그림동화 '흰 토끼 검은 토끼', '따로따로 행복하 게' 등을 들려주고 동극으로 표현해 보기, '내가 드미트리어스와 폴라 라면' 등이 있다.

〈표 Ⅲ-9〉 2단계 '결혼 그리고 이혼'

활동/ 명	목 표	활동 내용	준비물
이야기 나누기 /결혼과 행복	결혼 이후의 생활에 대해 알아본다.	유아들이 갖고 있는 결혼에 대한 생각을 알아보고 결혼 이후의 생활에 대해서 이야기 나눈다. 결혼에 대한 막연한 생각보다 현실적인 문제들을 알아본다.	그림책 '흰 토끼 검은 토끼'
그림동화 /흰 토끼 검은 토끼 /따로따로 행복하게	남녀가 사랑하면 결혼하게 된다는 것을 안다.	흰 토끼 검은 토끼를 통해 결혼의 의미를 생각해 보게 한다.	그림책 '흰 토끼 검은 토끼'
	가정이 해체된 후 더 행복해질 수도 있다는 것을 알게 한다.	부모의 이혼과정을 겪고 있는 '드미트리어스와 폴라'를 통해 부모의 이혼이 자녀와는 관계없는 것이라는 것을 깨닫게 하고, 불행한 결혼보다는 따로따로 행복하게 사는 것이 더 좋을 수 있다는 것을 알게 한다.	그림책 '따로따로 행복하게'
언어 /내가 드미트리어스와 폴라라면	한부모가정 아동의 입장을 이해할 수 있도록 돕는다.	'드미트리어스와 폴라'를 통해 그림책 속의 엄마, 아빠가 싸우는 장면(서로 생각이 다른 점, 서로 괴롭히는 장면 등)을 제시하고 부모님의 속상한 마음과 이혼의 선택, 그리고 드미트리어스와 폴라의 입장을 알아본다. 또한 유아가 '드미트리어스와 폴라'가 되어 부모의 이혼과 관련한 자신의 감정을 표현하게 한다.	드미트리어스와 폴라의 인형, 드미트리어스와 폴라 모양의 색도화지, 필기도구
동극 /따로따로 행복하게	가정이 해체된 후 더 행복해질 수도 있다는 것을 알게 한다.	'드미트리어스와 폴라'를 듣고 유아들이 등장인물의 역할을 표현해봄으로써 감정이입을 통해 한부모가정을 잘 이해할 수 있도록 돕는다. 유아에게 자신이 맡은 역의 주인공에 대한 생각 등을 이야기하게 한다.	등장인물의 의상 배경 모자 넥타이 등
사회 /이혼과 소망	유아의 이혼에 대한 생각을 알아보고 글로 표현해 본다.	'드미트리어스와 폴라'가 등장해 부모의 이혼에 대해 어떻게 생각하는지 이야기 나눈다. 또한 싸우면서 함께 사는 것이 바람직한 것인지 따로따로 행복하게 사는 것이 좋은 것인지 유아의 생각을 알아본다. 그리고 이혼 이후의 문제에 대해서도 이야기 나눈다.	그림동화 '따로따로 행복하게', 집 모양의 메모지, 필기도구
미술 /우리 집은	자신의 가족분위기를 표현해 본다.	'따로따로 행복하게'를 읽고 유아들이 자신의 가족 분위기를 이야기 나누어 보고, 유아가 부모님께 바라는 이야기나 자신의 가정 분위기를 표현해 보는 시간을 갖는다. 유아들은 토의를 통해 얻어진 정보로 많은 가족이 자체적인 문제를 안고 있음을 알게 된다.	집 모양의 색도화지, 크레파스, 색연필, 사인펜 등

(3) 홀로서기

3단계의 활동은 한부모가정 초대손님을 모시고 한부모가정의 어려움과 소망 등 한부모가정의 전반적인 생활을 소개하는 시간을 갖는다. 또한 그림동화 '내 짝꿍 최영대', '엄마의 의자'를 들려주며, '영대'와 '베라'의 유사점과 차이점을 비교해 보는 활동 등으로 구성되어 있다.

〈표 Ⅲ-10〉 3단계 '홀로서기'

활동/명	목표	활동 내용	준비물
자유선택활동 시간/한부모가 정 홈페이지 소개	한부모가정의 단란하고 행복 한 모습을 소개 한다.	한부모가정의 홈페이지를 소개하고 한부모가정 의 행복한 모습을 통해 유아의 고정관념과 편 견을 없애도록 한다. 한부모가정의 홈페이지가 없다면 한부모가정 아 동을 중심으로 홈페이지를 만들어 볼 수 있다.	컴퓨터, 노트북 등
이야기 나누기 /우리 집은 행복해요	한부모가정의 가족들도 행복 하다는 것을 알 게 한다.	한부모가정의 어머니를 초대하여 한부모가정이 된 이유, 어머니의 직업, 자녀 문제 등 어려움을 알아보고 현재의 생활에 만족하고 행복하게 살 고 있음을 듣도록 한다. 또한 한부모가정 아동에게 필요한 사항들을 설 명하고 좋은 친구가 되어 줄 것을 부탁한다. 끝 으로 유아들이 느끼는 한부모가정 아동에 대한 생각을 표현해 본다.	초대손님/한부 모가정 모나 부 /그림책 '엄마의 의자', 의자 모 양의 종이, 필기 도구
그림동화 /내 짝꿍 최영대	어려운 처지의 한부모가정 아 동을 이해하도 록 돕는다.	한부모가정 아동에 대한 부정적인 모습을 보여 주는 내 짝꿍 최영대를 통해 비판적인 사고를 갖도록 지도한다.	그림동화 '내 짝 꿍 최영대'
/엄마의 의자	엄마와 살면서 현 실을 극복해 가 는 한부모가정 을 소개한다.	긍정적인 모습의 한부모가정 아동을 통해 한부 모가정의 행복한 모습과 경제적인 문제를 해결 해 나가는 모습을 그린다. 엄마의 취업에 대한 문제를 함께 다룰 수 있다.	그림동화 '엄마 의 의자'
언어 /난 영대와 달라요	사연 있는 인형 을 통해 한부모 가정 아동들의 유사점과 차이 점을 알아본다.	최영대와 베라를 통해 한부모가정 아동 간의 유사점과 차이점을 비교한다. 또한 모든 한부모 가정 아동이 최영대와 같지는 않으며 유아마다 서로 다른 환경 속에서 다르게 살아가고 있음 을 깨닫게 한다.	그림책 '내 친구 최영대', 사연 있는 인형, 사람 모양의 메모지

활동/명	목 표	활동 내용	준비물
수·과학 /나의 기분 지수	부모님의 싸움 이나 이혼, 사별 등으로 받는 스트레스를 알 아본다.	유아들이 부모의 싸움, 불화로 인해 받는 부적인 감정을 알아보고 현재의 상태를 그래프로 표시하는 활동이다. 유아는 이 감정지수 활동을 통해 모든 아이들이 유사한 감정을 가지고 있음을 확인할 수 있다.	나의 기분 그래 프 판. 10가지 색의 감정 스티 커(3X5)
신체표현 /조각: sculpting	부모님의 싸움 으로 인한 아동 의 갈등을 표현 하게 한다.	부모님의 싸우는 장면을 목격한 유아들로 하여 금 부모님이 싸웠을 때에 어떤 느낌을 받았는 지, 부모님의 화가 나셨을 때 자녀를 어떻게 대하는지 등 가족 분위기와 자신의 감정을 표현해 보는 시간이다. 유아들은 이 활동을 통해 많은 유아들이 자신과 비슷한 상황에 놓여 있음을 알게 되며, 감추어져 있던 자신의 내면을 공개함으로써 심리적인 갈등을 해소할 수 있다.	싸우는 장면의 사진이나 그림

(4) 4단계 내가 엄마(아빠)하고만 산다면

4단계의 내가 엄마(아빠)하고만 산다면은 전래동화 '북두칠성이 된 형제들'을 중심으로 이루어진다. 유아들은 북두칠성이 된 형제들을 통해 한부모가정 어머니의 외로움, 새로운 가족에 대한 관심과 재혼 가정의 필요성을 이해하게 된다. 또한 한부모가정을 이해하기 위해 자신이 한부모가정의 주인공이 되어 북두칠성이 된 형제들을 패러디 해 봄으로써 이야기 구성능력을 키우고 있다. 4단계의 활동으로는 북 두칠성이 된 형제를 그림동화로 들려주고 유아들의 입장에서 새롭게 각색해 보기, 북두칠성이 된 형제들의 마음을 글로 표현해 보기, 징 검다리 놓기 게임 등으로 구성되었다.

〈표 III-11〉 4단계 '내가 만약 엄마(아빠)하고만 산다면'

활동/명	목 표	활동 내용	준비물
이야기 나누기 /북두칠성	부모에게 효도 한부모가정 아동을 소개한다.	북두칠성을 소개하고 북두칠성이 된 형제들의 이야기를 들려준다. 유아들로 하여금 한부모가정의 모습을 통해 느낀 점들을 표현하게 한다.	그림동화 '북두칠성이 된 형제들', 별 모양의 색도화지, 필기도구
그림동화/ 북두칠성이 된 형제	그림책에 나타난 한부모가정 자녀들의 효심을 알아본다.	홀어머니를 위해 징검다리를 놓은 형제들의 이야기를 통해 한부모에게 효도하는 마음을 갖게 한다.	전래동화/북두칠성이 된 형제들 www.sorea.com 문학산책-북두칠성이 된 형제들
언어/내가 만약 엄마(아빠)하고만 산다면	혼자 계신 부모에게 효도하는 마음을 갖는다.	북두칠성이 된 형제들의 어머니에 대한 효심을 살피고 유아가 북두칠성 형제가 되었다고 생각하고 이야기를 패러디해 볼 수 있게 한다.	그림책 '북두칠성이 된 형제들', 별 모양의 종이, 필기도구
인형극/새엄마 (새아빠)가 오신대요	새엄마(새아빠)에 대해 긍정적인 관심을 갖게 한다.	사연 있는 인형을 통해 재혼가정에 대한 부정적인 인식을 버리고 새로운 가족체계에 대해 긍정적인 생각을 할 수 있도록 한다.	동물인형
미술/북두칠성이 된 형제들 환경판 꾸미기	북두칠성 형제들을 통해 한부모에게 효도하는 마음을 갖게 한다.	전래동화 북두칠성이 된 형제들을 듣고 느낀 점을 생각하며 등장인물, 이야기 내용, 배경 등을 환경판에 꾸며본다.	색상지, 도화지, 크레파스, 물감, 색연필 등
게임 /징검다리 놓기	혼자 계신 부모에게 효도하는 마음을 갖는다.	홀어머니에게 효도하는 북두칠성 형제들이 징검다리를 놓아드린 것처럼 징검다리 놓기 게임을 통해 한부모가정의 효심과 한부모가정을 이해하게 한다.	엄마의 스카프, 방석 4개

(5) 5단계 훌륭한 한부모가정 위인들

5단계에서는 유아들의 한부모가정에 대한 편견을 없애고 한부모가정 아동들의 잠재능력을 부각시키기 위해 한부모가정 위인들을 소개한다. 5단계의 활동으로는 위인 집 만들어보기, 자신이 좋아하는 한부모가정 위인은 누구인지 알아보기, 위인 모셔오기 게임 등이 있으

56

며, 이를 통해 한부모가정 위인과 친밀해질 수 있는 기회를 제공하도
록 구성되었다.

〈표 Ⅲ-12〉 5단계 '훌륭한 한부모가정 위인들'

활동/명	목 표	활동 내용	준비물
자유선택활동시 간/한부모가정 출신위인 사이트	컴퓨터를 이용해 한 부모가정 위인 사 이트를 찾아본다.	한부모가정 위인 사이트를 소개하 고 유아가 글과 그림 등을 통해 한 부모가정에 대한 정보를 많이 얻을 수 있게 한다. 베토벤 (http://beethoven.new21.net/BeeSc reenSelectIE.html) (http://user.chollian.net/~y1482/) 나폴레옹 (http://my.netian.com/~witch88/)	위인을 찾아서 (http://user.chollian.ne t/~tnsl/) 퀴리 부인 /http://www.myq.co.k r/brain/brain_great03. html
이야기 나누기/한부모가 정 위인들 소개	한부모 가정에서 자란 훌륭한 인물 들에 대해 안다.	한부모 가정에서 자란 훌륭한 위인 의 업적과 성장과정에 대해 이야기 나눈다.	그림자료/이퇴계, 한석 봉, 간디, 테레사 수녀, 나폴레옹, 베토벤 등/이 분들의 위인전
그림동화 /한석봉	한부모가정의 훌 륭한 위인을 소개 한다.	한부모가정 출신의 한석봉을 소개 하고 한부모가정 아동이라고 해도 열심히 노력하면 훌륭한 사람이 될 수 있다는 사실을 깨닫게 한다.	위인전 한석봉
수·과학 /내가 좋아하는 한부모가정 위인	한부모가정에서 자란 훌륭한 인물 을 알아본다.	한부모가정 위인의 업적을 소개받고 유아가 가장 존경하는 위인을 선정 하여 그래프에 표시하는 활동이다.	내가 좋아하는 한부모 가정위인 그래프, 하트 모양의 스티커
미술 /위인 집 만들기	위인들 중에 한부 모가정에서 자란 분들이 많다는 것 을 알게 한다.	한부모 가정에서 자란 훌륭한 인물들 의 글이나 사진 또는 그림을 활용하 거나 직접 유아가 글을 쓰고 그림을 그려 한부모가정 위인 집을 만든다.	복사용지, 색상지, 크레 파스, 색연필, 위인그림 자료 및 위인 소개 내용
게임 /위인 모셔오기	한부모가정출신 위 인의 업적을 게임 을 통해 알아본다.	여러 한부모가정 위인을 대기시켜 놓고 위인의 업적이 적힌 쪽지를 보고 동일한 위인을 모셔오는 편게 임이다. 이 게임으로 유아는 한부 가정의 위인과 친숙해지고 그분들 의 업적을 정확히 알 수 있게 된다.	위인의상/나폴레옹, 간 디, 테레사수녀, 한석봉 /바구니, 위인카드, 테 이프, 의자 5개

4) 한부모가정 반편견유아교육프로그램의 교육활동의 예

한부모가정 반편견교육활동의 상호 작용 내용은 도입, 전개, 전이로 이루어져 있다. 교사와 유아의 상호 작용 내용을 소개하면 다음과 같다.

수업활동: 언어활동
활 동 명: 난 영대와 달라요
목　　표: 사연 있는 인형을 통해 한부모가정 아동들의 차이점과 유사 점을 알아본다.

〈도입〉
교사: (사연 있는 인형을 보여주며) 이 친구는 누구지요?
유아: 베라요.
교사: 맞았어요. 이 친구는 '엄마의 의자'에 나오는 베라에요.
　　　오늘 베라가 여러분들에게 할 얘기가 있데요.
　　　들어보겠어요?
유아: 네……

〈전개〉
베라: 얘들아, 안녕……
유아: 안녕……
베라: 나, 오늘 무척 속상해……
유아: 왜?
베라: 글쎄 말이야, 친구들이 나 보고 최영대 같다고 하는 거야.
　　　너희들 최영대 아니?
유아: 몰라.
베라: 최영대를 모른다고?
　　　그럼, 내가 가르쳐줄게.
　　　(내 친구 최영대 책을 보여주며) 너희들 이 책 본 적 있니?
유아: 아니?

베라: 최영대는 이 책의 주인공이야.
　　　내가 이 책을 읽어줄게, 대신 너희들은 내가 최영대와 비슷한 점
　　　이 있는지 없는지 잘 살펴봐……
유아: 응.

(최영대 책을 읽어준다).

베라: '내 짝꿍 최영대' 잘 들었니?
유아: 응.
베라: 너희들은 최영대가 어떤 아이 같으니?
유아: 막 우는 애야.
유아 2: 친구들이 삐지를 주었어.
유아 3: 냄새도 나고 더러웠어.
유아 4: 선생님이 친구들 혼내줬어.
유아 5: 아빠하고 살아.
유아 6: 불쌍해.
베라: 그래, 최영대는 아빠하고 살아.
　　　그리고 몸에서 냄새도 나고 더러운 아이야.
　　　그리고 막 울기도 한단다. 무척 불쌍한 아이야.
　　　너희들도 내가 이런 최영대와 닮았다고 생각하니?
유아: 아니?
베라: 그럼, 너희들은 나를 어떻게 생각하니?
유아 1: 너는 엄마랑 살고 그 아이는 아빠랑 살아.
유아 2: 베라는 냄새 안나.
유아 3: 최영대는 울보야, 베라는 행복해.
유아 4: 베라는 엄마랑 의자 사서 좋아했어.
유아 5: 할머니가 돌아가실 뻔했어. 큰 일 날 뻔했어……
유아 6: 집에 불이 나서 이모네 갔어.
베라: 그래, 나는 엄마랑 함께 살고 있어.
　　　난 아빠가 없어도 무척 행복하지.
　　　우리 엄마는 일을 하러 식당에 가서, 그래서 동전을 모으시지.
　　　나랑 우리 엄마는 멋진 의자를 사서 너무 행복했어.
　　　그런데 왜 나를 최영대 같다고 하는지 모르겠어.
　　　최영대는 옷도 더럽고 냄새도 나고 울기만 하잖아.
　　　하지만 난 친구들과 사이좋게 지내고 냄새도 나지 않는단 말이야.

유아: 그래, 맞어.

교사: 친구들. 베라 이야기기 잘 들었어요?
유아: 네.
교사: 베라가 왜 속상해 했죠?
유아: 최영대랑 닮았다고 해서요
교사: 그래요. 베라는 최영대랑 닮았다고 해서 속상한 가 봐요.
　　　우리 베라와 최영대가 어떻게 다른지 비교해 볼까요?
　　　우리 친구들이 보았던 엄마의 의자의 베라와 내 짝꿍 최영대의
　　　이야기를 놓고 어떤 점이 다른지 써 보도록 해요.
　　　여러분이 느낀 점들을 적어보겠어요?
유아: 네.

(유아들이 베라와 최영대의 차이점을 적는다)

교사: 모두 끝냈어요?
유아: 네.
교사: 그럼, 친구들 앞에서 여러분의 생각을 소개해 보도록 해요.
　　　누가 친구들에게 자신의 생각을 이야기해 주겠어요?
유아: 저요.
교사: 영희가 나와서 읽어보세요.
유아: 베라는 요, 엄마하고 살고요, 행복했어요. 의자도 사고요.
　　　최영대는요 엄마가 돌아가셨고요, 불쌍하고 냄새나고 혼나기도
　　　했어요.
교사: 그래요. 소희가 말한 것처럼 베라는 엄마와 살았지만 행복하고
　　　즐겁게 살았어요. 반대로 최영대는 친구들이 사랑해 주기 전에는
　　　아빠랑 살았지만 불행하고 불쌍하게 살았어요.
　　　또 누가 나와서 자신의 생각을 말해 보겠어요?
(희망하는 유아에게 기회를 준다)

60

> 교사: 우리 친구들의 이야기 잘 들었죠?
>
> 엄마나 아빠하고 사는 한부모가정 친구 중에는 베라와 같이 행복하고 즐겁게 지내는 친구가 있는가 하면 최영대처럼 냄새나고 더럽고 울기만 하는 친구도 있어요. 하지만 모든 한부모가정 친구들이 선생님한테 혼나고 친구들에게 놀림을 당하는 것은 아니에요.
>
> 한부모가정 친구 중에는 베라와 같이 행복하게 살아가는 친구도 아주 많아요. 또 최영대 같은 친구라도 선생님과 친구들이 친구가 되어 주면 아주 행복한 아이가 될 수 있어요. 또 커서 훌륭한 사람들이 될 수도 있어요.
>
> 여러분은 최영대와 베라 같은 친구들과 사이좋게 지낼 수 있겠어요?
>
> 유아: 네.
>
> **〈전이〉**
>
> 교사: 여러분이 그린 이 작품을 환경판에 붙여 놓겠어요.
>
> 친구들이 쓴 글과 그림을 서로 나누어 보도록 하세요.
>
> 유아: 네.
>
> 교사: 베라와 친하게 지내고 싶은 사람부터 화장실에 다녀오세요.
>
> 영대와 친구하고 싶은 사람도 화장실에 다녀오세요.
>
> 유아: 네.

5) 운영지침

한부모가정 반편견유아교육프로그램을 실시하는 교사의 운영지침을 소개하면 다음과 같다.

(1) 교사의 의식 및 태도

한부모가정 반편견유아교육프로그램을 실시하는 교사는 먼저 자신이 반편견적인 인식을 가지고 유아들을 대할 수 있어야 한다. 교사들의 편견은 수업시간이 아닌 휴식시간에 교사실에서 나타나는 경우가 많다. 이것은 교사 스스로가 아직 편견에 대한 인식을 버리지 못한 것으로 그러한 생각과 태도가 유아에게 전달될 우려가 높다.

특히 교사는 유아가 한부모가정 아동인 것을 알게 되면 두 가지 반응을 보일 수 있는데 첫째는 동정적인 입장으로 그 유아에 대해 무한한 애정을 보내거나 업어주고 안아주고 특별한 대우를 하는 경우이다. 다른 하나는 한부모가정이란 사회적 편견을 가지고 그 유아를 곱지 않은 눈으로 보거나 공격적인 아동, 산만아, 문제아 등으로 분류하며 그 이유를 한부모가정에 두는 경우이다. 이 경우는 교사의 보이지 않는 차별로 인해 유아는 마음의 상처를 받게 되고 더욱 교실에서 소외되고 고립될 수 있다.

교사가 먼저 한부모가정에 대한 편견을 버리는 것은 유아에게 동정어린 시선을 버리고 독립적인 한 유아로 바르게 성장할 수 있도록 자존감을 심어주는 것이며 또한 한부모가정에 대한 부정적인 인식을 저버릴 때 공정하게 아동을 바라보고 대할 수 있으며 자신의 현실을 극복할 수 있는 힘과 자세를 키울 수 있을 것이다.

(2) 프로그램 진행방법

한부모가정 반편견유아교육프로그램의 진행에 있어 가장 중요하고 문제가 되는 부분은 한부모가정에 대한 이야기를 전개할 때에 그 특수성으로 인해 어느 정도 선까지 반편견교육과 연결지어야 하는가 하는 것이다. 우리나라의 경우 대부분의 가정 및 유아교육기관에서는 이혼에 대한 이야기를 유아에게 들려주거나 그러한 상황에 대해 이야기하는 것을 꺼리는 경우가 많다. 이러한 상황에서 이혼, 사망, 별

거, 유기, 미혼모 등으로 발생하는 한부모가정을 주제로 삼아 반편견
교육을 실시한다는 것이 그리 쉬운 일은 아니다. 하지만 늘어나는 이
혼, 사망 등의 이유로 이제는 한부모가정에 대한 반편견교육의 필요
성이 부각되는 때에 유아교육기관이 방관자가 되어서는 안 될 것이
다. 그렇다면 사회의 부정적인 시각과 정면으로 충돌하지 않으면서
한부모가정에 대한 반편견교육을 어떻게 실시하는 것이 바람직한가?

　이 한부모가정 대한 반편견유아교육프로그램에서는 이러한 사회적
인 압박에 따라 이혼 및 사망으로 발생한 한부모가정의 편견과 직접
적으로 저항하거나 대항하는 극단적인 방법을 뒤로 하고 한부모가정
을 이해하고 수용하며 지지할 수 있도록 감정이입을 촉진하는 방법
의 진행법을 주로 사용한다. 그리고 한부모가정의 모습을 자연스럽게
보여줌으로써 그들의 어려움과 문제점을 인식하게 하고 한부모가정
이 자연스런 가족구성의 하나로 받아들여지도록 하는 데 중점을 두
고 진행한다. 또한 한부모가정 아동에게 가지는 고정관념과 선입견을
바꾸고 그들이 문제아, 비행아가 아니라 앞으로 사회에 공헌할 수 있
는 의미 있는 성인으로 성장할 수 있음을 보여주어 그들에 대한 가
치관의 변화를 꾀하는 것이 좋다.

　이러한 프로그램의 방향을 이해한 후 교사는 프로그램의 진행을
위해 다음과 같이 준비한다.

　1) 유아들이 교실에 들어왔을 때 달라진 환경에 관심을 갖도록 주
　　제에 맞는 환경을 구성한다. 특히 유아들이 흥미를 보이는 교재
　　교구를 활용하는 것이 좋은데 특히 컴퓨터, 노트북, VTR 등을
　　이용하여 유아의 흥미와 관심을 모으도록 하는 것이 좋다.

2) 5단계의 주제에 맞는 활동을 전개하고, 유아들이 한부모가정에 대해 감정이입할 수 있도록 돕기 위해 한부모가정의 부정적인 면보다는 긍정적이고 희망적인 이야기로 대화를 이끌며 주제와 연결지어 결론을 맺을 수 있도록 하여야 한다.

3) 한부모가정을 다룰 때 유아가 가지고 있는 가족에 대한 생각들을 정리하게 하고 가정은 어떠한 곳인지 살펴보고 이혼과 관련해서 이혼이 잘못된 것이 아니라 행복을 추구하는 하나의 방법으로 중요한 선택이 될 수 있음을 유아들이 이해하게 돕는다. 이어서 재혼에 대한 생각도 유아들이 직면할 수 있으므로 긍정적으로 수용할 수 있도록 이야기 나누어야 할 것이다.

4) 유아들이 자신들의 이야기를 자유롭게 나눌 수 있는 분위기를 제공하여 주제와 벗어난 생각이라 할지라도 수용하고 존중할 수 있어야 한다. 이러한 과정을 통해 유아들은 친구의 이야기를 듣고 자신이 생각하지 못했던 사실을 깨닫게 되거나 잘못되었던 생각을 바뀔 수 있는 기회를 얻을 수 있다. 또한 자신의 생각과 다른 사람의 생각이 다를 수 있다는 것을 알게 되고 다른 사람의 이야기를 존중할 수 있는 자세를 배우게 된다.

5) 한부모가정을 다루면서 유아들에게 가정의 행복한 모습이나 부모님의 싸움, 불화로 느끼는 속상하고 불안한 느낌들을 솔직히 털어놓을 수 있는 기회를 제공한다. 이어서 유아들의 위축된 심리상태를 몸으로 표현해 볼 수 있도록 한다.

6) 한부모가정에 대해 이야기 나누면서 그림동화, 사연 있는 인형을 적절히 사용하고 주제에 맞는 창안된 이야기를 구성하여 유아들이 그러한 사연을 가진 유아의 감정과 공감하고 감정이입하도록 돕는다.

7) 그림동화를 통해 한부모가정의 문제를 유아들이 스스로 발견하게 하고 그들을 위해 어떠한 사회적인 지원이 필요한지 이야기 나누며 한부모가정에 대해 긍정적인 사고를 갖도록 돕도록 한다.

8) 한부모가정에 대한 긍정적인 생각을 주입하려고 하기보다 초대손님, 동극, 게임, 수수께끼, 신체표현, 음악활동 등 다양한 활동을 통해 유아들이 한부모가정을 체험하고 느낄 수 있도록 한다.

9) 유아의 변화된 생각들을 정리할 수 있도록 표현활동을 활용한다. 특히 그림동화, 사연 있는 인형을 통해 받은 느낌 등을 글과 그림으로 표현하게 하며, 친구들 앞에서 발표할 수 있도록 하고 환경판에 전시하게 하여 자신들의 변화된 의식을 자주 감상할 수 있도록 한다.

10) 한부모가정 아동에 대한 부정적인 인식을 제거하기 위해 한부모가정 위인을 소개할 때 위인 자체에 초점을 맞추기 앞서 그 위인이 한부모가정 위인인 것을 강조하고 어려운 환경 속에서도 자신을 극복해 훌륭한 사람이 된 것을 강조하는 것이 좋다.

11) 교실에 한부모가정 아동이 있는 경우 한부모가정 아동의 자아존중감을 높여주기 위해 다른 유아들 앞에서 한부모가정 유아의 생각을 존중해 주고 문제 상황에 접했을 때 교사가 바로 개입해 반편견교육을 실시하는 것도 좋을 것이다.

이 연구는 문헌고찰을 토대로 한부모가정에 대한 반편견유아교육프로그램을 구성하고 유아들의 한부모가정에 대한 인식조사 및 한부모가정 반편견교육의 효과를 알아보는 것으로 이루어져 있다. 여기서는 인식조사 및 교육방법론을 중심으로 연구방법을 소개하고자 한다.

1. 연구대상

이 연구의 대상은 서울 강북 소재 구립 어린이집 두 곳의 7세 반 학급을 대상으로 하였다. 각 학급의 원아 수는 사전검사 시는 실험집단 27명, 통제집단 23명으로 총 50명이었으며 교육실시 중에 퇴원한 유아가 있어 사후검사 시는 실험집단 22명, 통제집단 19명으로 총 41명이 참여하였다.

이 중 한부모가정 아동은 사전검사 시는 5명(10%), 사후검사 시는 4명(9.8%)이었다.

<표 Ⅳ-1> 실험설계집단의 아동 수

	사전검사		사후검사	
	실 험	통 제	실 험	통 제
한부모가정	4	1	2	2
양부모가정	23	21	20	17
합 계	27	23	22	19

또한 실험, 통제집단의 연간교육계획안을 살펴보면 다음과 같다.

실험집단의 5월 단원 '나와 가족'의 소주제는 나의 몸은 소중해요, 내가 좋아하는 것, 나의 친구, 가족의 특별한 날들이었으며, 통제집단의 5월 단원인 '사랑하는 사람들'의 소주제는 어린이 세상, 우리 가족, 친구와 나, 나는 소중해요, 좋은 이웃들이었다. 이와 같은 실험집단과 통제집단의 연간교육계획안을 보면 한부모가정에 대한 반편견교육과 관련된 직접적인 내용이 다루어지지 않았음을 알 수 있다.

<표 Ⅳ-2> 실험, 통제집단의 연간교육계획안

월	실험집단	통제집단
3월	어린이집 생활	특별한 시작
4월	봄(식물, 동물, 곤충)	봄나들이
5월	나와 가족	사랑하는 사람들
6월	동물/지역사회	튼튼한 몸
7월	건강한 몸과 마음	햇볕은 쨍쨍
8월	여름을 시원하게	여행을 떠나요
9월	교통기관	어울려 살아요
10월	가을/우리나라와 세계 여러 나라	높은 하늘
11월	보도기관/우주	고마운 사람들
12월	겨울 생활	꽁꽁 얼어요
1월	새해가 되었어요/도구와 기계	새해
2월	설날/즐거운 초등학교	의젓해졌어요

2. 연구도구

유아의 한부모가정에 대한 인식을 알아보기 위해 연구자가 만든 '한부모가정에 대한 인식조사' 질문지를 사용하였다. 이 '한부모가정에 대한 인식조사' 질문지는 신뢰도와 타당도에 있어 박사학위를 소지한 통계 전문가 및 박사과정 수료자인 유아교육 전문가에게 평가를 의뢰하였다.

이 질문지는 결혼, 부모의 싸움, 이혼, 한부모가정의 그림자료와 함께 응답자의 가족사항, 가정 및 결혼, 이혼, 한부모가정, 한부모가정 아동에 대한 인식 등 다섯 가지 영역으로 나누어져 있다. 각 영역에는 여러 개의 문항이 있으며 때로는 문항 아래 또 다른 소문항이 있어 구체적인 사항을 질문하고 있다. 각 질문지의 하위 영역과 문항을 살펴보면 다음과 같다.

〈표 Ⅳ-3〉 '한부모가정에 대한 인식조사' 질문지

영 역	문항 수	소문항 포함	문항번호
응답자의 가족 사항	2	2	1~2
가정 및 결혼에 대한 인식	3	3	3~5
이혼에 대한 인식	7	11	7~ 13_2
한부모가정에 대한 인식	6	8	14~19_2
한부모가정 아동에 대한 인식	11	18	20~30
계	29	43	1~30

3. 연구절차

1) 실험설계

한부모가정에 대한 반편견유아교육프로그램은 실험집단, 통제집단
으로 나누어 실험집단에 한하여 실시하였으며 통제집단에는 이 연구
에 영향을 미치지 않는 단원 중심의 유아교육프로그램을 실시하게
하여 두 집단의 사전, 사후 검사를 통해 그 차이를 알아보았다.

〈표 IV-4〉 실험설계

집 단	사전검사	프로그램처치	사후검사
Group 1	O1	X	O2
Group 2	O1		O2

2) 예비조사

'한부모가정에 대한 인식조사' 질문지를 가지고 금년 6월 서울시
소재 유치원과 어린이집 각각 한 곳에서 7세 유아를 대상으로 질문
지 검사에 들어갔다. 검사자는 유아교육 및 아동복지를 전공하고 있
는 석사과정 학생들로 모두 4명이 참여하였다.

이틀간 두 곳의 유아 28명을 대상으로 실시한 예비조사는 검사자
와 유아가 일 대 일로 만나 면담을 통해 질문지를 작성하였으며, 각
면담시간은 10-12분씩 소요되었다. 이 과정에서 유아들이 이해하기
난해한 문항이나 낱말을 수정·보완하였다.

3) 사전검사

이 연구의 사전검사는 2001년 6월 26일~27일 양일 간에 걸쳐 실시되었다. 사전검사에서 쓰인 질문지는 예비검사에서 수정·보완한 '한부모가정에 대한 인식조사' 질문지이다.

실험설계에 참여한 집단은 서울에 소재한 어린이집으로 7세 반 두 곳을 실험, 통제집단으로 선정하였다. 검사에 참여한 유아는 실험집단 27명, 통제집단 23명으로 모두 50명이었다. 사전 검사의 검사자는 총 2명으로 유아교육 및 아동복지를 전공한 대학원생들이었다. 각 유아당 면담시간은 12분 정도 소요되었다.

4) 한부모가정 반편견교육 실시

한부모가정에 대한 반편견유아교육프로그램 〈표 Ⅲ-6〉을 2001년 7월 6일~8월 17일 동안(방학기간 포함) 주 1회 총 5주 종일제 프로그램에서 실시하였다. 반면 통제집단에는 그 기간 동안 교육과정에 의해 미리 계획된 단원 중심 교육활동이 진행되었다.

5) 사후검사

사후검사는 프로그램을 처치한 후인 8월 23~24일 실시하였다. 실험집단과 통제집단에 실시한 질문지는 사전검사에서 활용된 '한부모가정에 대한 인식조사' 질문지 중 한부모가정, 한부모가정 아동에 대한 인식이었다. 검사자는 3명이었으며 각 유아당 면담시간은 10분 정도 소요되었다.

4. 자료분석

한부모가정에 대한 반편견유아교육프로그램을 개발하여 교육을 실시하는 과정에서 나타난 유아들의 생각과 상호 작용 내용 등을 제시하였다.

또한 유아의 한부모가정에 대한 인식을 알아보기 위해 실험집단과 통제집단을 대상으로 사전검사의 응답에 따른 빈도수와 백분율을 산출하였으며, 프로그램 교육 전과 교육 후의 차이를 빈도수와 백분율로 산출하였다.

결과 및 해석

1. 유아의 가정 및 결혼, 이혼, 한부모가정에 대한 인식

이 연구는 한부모가정에 대한 반편견유아교육프로그램을 실시하기 이전에 실험, 통제집단의 유아를 대상으로 한부모가정에 대한 인식을 검사하여 그 결과를 빈도수와 백분율로 산출한 것이다.

유아들을 대상으로 유아들이 생각하는 가정의 정의를 알아보기 위해 '가정이 무엇인 것 같니'라고 물어본 결과 유아들은 가정을 행복한 곳(38명, 76%)으로 인식하고 있었다. 이어 '결혼은 무엇인 것 같니'라고 물어보자 결혼은 엄마, 아빠가 아이를 낳는 것(32명, 64%), 서로 사랑하는 것(25명, 50%), 함께 살기로 약속한 것(18명, 36%), 할아버지, 할머니 모시는 것(13명, 26%) 등으로 인식하고 있었다.

〈표 V-1〉 결혼에 대한 유아의 인식

N=50(%)

엄마·아빠가 아이를 낳는 것	32(64)
엄마·아빠가 서로 사랑하는 것	25(50)
엄마·아빠가 함께 살기로 약속한 것	18(36)
엄마·아빠가 할아버지·할머니 잘 모시는 것	13(26)

※ 중복응답.

유아들은 부모님이 싸우는 장면을 본 적이 있느냐는 질문에 34명(64%)이 있다고 대답했고 엄마, 아빠가 싸우는 이유로는 아빠가 술을 많이 마시고 늦게 들어와서(17명, 34%), 엄마, 아빠가 서로 사이가 좋지 않아서(9명, 18%), 아빠가 돈을 안 벌어 와서(8명, 16%), 나 때문에 화가 나서(5명, 10%), 기타(5명, 25%) 등이라고 응답하였다. '기타'에는 '잘 모르겠다', '엄마가 라면을 안 끓여줘서', '아빠가 매일 잠만 자서', '아빠가 싫어서', '엄마는 잘못한 게 없는데 아빠가 막 싸운다', '아빠가 쓰레기통 안 버려서', '아빠가 엄마에게 음식이 맛없다고 해서', '엄마가 매일 컴퓨터만 해서' 등의 이유도 있었다.

〈표 V-2〉 엄마, 아빠가 싸우는 이유

N=50(%)

아빠가 술을 많이 마시고 늦게 들어와서	17(34)
엄마, 아빠가 서로 사이가 좋지 않아서	9(18)
아빠가 돈을 안 벌어 와서	8(16)
나 때문에 화가 나서	5(10)
기 타	5(10)

※ 중복응답.

  유아들이 생각하는 이혼의 정의를 알아보기 위해 '이혼이란 말 들
어본 적 있니'라고 물어보자 50명의 유아 중 35명(70%)이 '들어보지
못했다'고 응답했고 12명(24%)만이 '들어보았다'고 하였다. 이는 부
모들이 이혼에 대한 말과 이야기를 유아에게 하는 것을 꺼리고 있기
때문인 것으로 보인다. 한부모가정에 대한 반편견유아교육프로그램
진행 중에도 대부분의 유아들은 이혼이란 말을 들어본 적이 있느냐
는 질문에 '아뇨', '무응답'으로 일관했으며, 일부 유아만이 '알아요',
'엄마, 아빠가 안 사는 거예요'라고 대답하였다.

  이혼이란 말을 들어보지 못한 유아가 많았지만 유아에게 〈그림 부
록-3〉을 제시하고 '이혼이 무엇인 것 같니'라고 이혼의 정의를 묻자
유아들은 이혼은 엄마, 아빠가 따로따로 사는 것(22명, 44%), 엄마,
아빠가 헤어지는 것(20명, 40%), 내가 엄마나 아빠 중 한 분하고만
사는 것(10명, 20%), 할아버지, 할머니 집에서 사는 것(10명, 20%)
순으로 인식하고 있었다. 유아들은 직접적인 이혼이란 말은 들어보지
못했지만 이혼이 무엇인지 알고 있었다.

〈표 V-3〉 유아가 인식하는 이혼의 정의

N=50(%)

이혼은 엄마, 아빠가 따로따로 사는 것	22(44)
엄마, 아빠가 헤어지는 것	20(40)
내가 엄마나 아빠 중 한 분하고만 사는 것	10(20)
할아버지, 할머니 집에서 사는 것	10(20)

※ 중복응답.

부모의 이혼에 대한 유아의 반응을 알아보기 위해 '엄마, 아빠가 헤어지기로 한다면 어떻겠니'라고 묻자 유아의 42명(84%)은 '싫어요', 8명(16%)은 '잘 모르겠어요'라고 하였으나 '좋다'고 응답한 유아는 한 명도 없었다. 부모님이 헤어지는 것이 싫다고 한 유아들은 그 이유로 '엄마, 아빠가 따로따로 사는 것이 싫어서', '엄마나 아빠가 밥 못해 주니까', '밥도 못 먹어서 우리들이 굶어죽으니까' 등으로 응답했다.

〈표 V-4〉 부모의 이혼에 대한 유아의 반응

N=50(%)

부정적	42(84)
잘 모르겠다	8(16)

가족해체 시 유아가 느끼는 감정을 알아보기 위해 '네가 엄마, 아빠 중 한 분하고만 산다면 어떻겠니'라고 물어본 결과 유아들은 슬플 것 같다(40명, 80%), 잘 모르겠다(9명, 18%), 좋을 것 같다(1명, 2%)고 자신의 감정을 표현했다.

〈표 V-5〉 가족해체 시유아의 감정

N=50(%)

슬플 것 같다	40(80)
좋을 것 같다	1(2)
잘 모르겠다	9(18)

유아들은 부모의 이혼에 반대하는 이유로 따로따로 사는 것이 싫어서(30명, 60%), 아빠가 없으면 돈 벌어올 사람이 없으니까(11명,

22%), 엄마, 아빠가 아이들을 서로 키우려고 싸우니까(10명, 20%),
엄마, 아빠가 헤어지는 것을 남들이 알까봐(10명, 20%), 엄마, 아빠는
싸우다가도 다시 친해지니까(6명, 12%), 기타(10명, 20%) 순으로 대
답하였다. '기타'에는 '엄마, 아빠가 없어지니까', '보고 싶어서' 등이
포함되어 있다. 이를 볼 때 유아들은 부모의 이혼으로 인한 분리에
불안감, 두려움을 느끼고 있는 것으로 보이며 그러한 원인 중 하나는
경제적인 상실로 인한 결핍인 것으로 보인다.

〈표 V-6〉 부모의 이혼을 반대하는 이유

N=50(%)

따로따로 사는 것이 싫어서	30(60)
아빠가 없으면 돈 벌어올 사람이 없으니까	11(22)
엄마, 아빠가 아이들을 서로 키우려고 싸우니	10(20)
남들이 알까봐	10(20)
엄마, 아빠는 싸우다가도 다시 친해지니까	6(12)
기 타	10(20)

※ 중복응답.

만약 부모님이 이혼한다면 친구에게 이야기하겠느냐는 물음에 대
해서 34명(68%)은 '아니오'라고 부정적인 입장을 보였으며, 그 이유
로 창피해서(18명, 36%), 남들이 아는 것이 싫어서(16명, 32%), 나
쁜 일 같아서(11명, 22%), 헤어진 엄마·아빠를 다시 만날 거니까(11
명, 22%), 친구와 싸우고 싶지 않아서(10명, 20%), 기타(7명, 17.1%)
라고 하였다. '기타'에는 '친구들이 놀릴까봐', '부끄러워서' 등이 포함
되어 있다. 유아들은 이혼을 잘못된 것으로 인식하고 있었으며 그 사
실이 공개되는 것을 꺼리고 있었다.

<표 V-7> 부모의 이혼을 친구에게 알리기 꺼리는 이유

N=41(%)

창피해서	18(43.9)
남들이 아는 것이 싫어서	16(39.0)
나쁜 일 같아서	11(26.8)
헤어진 엄마, 아빠를 다시 만날 거니까	11(26.8)
그 일로 친구와 싸우지 싶지 않아서	10(24.4)
기 타	7(17.1)

※ 중복응답.

유아들에게 한부모가정의 용어 인지 여부를 알아보기 위해 '한부모
가정이란 말을 들어본 적이 있니'라고 물어본 결과 대부분의 유아들
은 들어본 적이 없다(46명, 92%)고 하였고, 잘 모르겠다(4명, 8%)고
한 유아도 있었으나 알고 있다고 응답한 유아는 한 명도 없었다.

유아들의 한부모가정에 대한 관심을 알아보기 위해 '엄마, 아빠 중
한 분하고만 사는 친구 본 적 있니'라고 묻자 37명(74%)은 본 적이
없다, 12명(24%)은 있다, 1명(2%)은 잘 모르겠다고 응답하였다.

유아들에게 <그림 부록-4, 5>을 제시하고 '엄마, 아빠 중 한 분하고
만 사는 이 가정이 보기 좋으니'라고 묻자 유아들의 36명(72%)은
'아니오'라고 부정적으로 대답하였고, 4명(8%)만이 '좋아 보인다'고
긍정적으로 응답하였다. 또한 '잘 모르겠다'고 응답한 유아도 10명
(20%)이나 되었다.

〈표 V-8〉 유아의 한부모가정에 대한 견해

N=50(%)

긍정적	4(8)
부정적	36(72)
잘 모르겠다	10(20)

유아들은 한부모가정을 본 적은 없었다고 하였지만 〈그림 부록-4, 5〉을 제시하고 '왜 이 친구가 엄마(아빠)하고만 사는 것 같니'라고 한부모가정의 발생원인을 물어보자 유아들은 부모 간의 싸움(58%), 이혼(25%), 사별(16.7%), 경제적 이유(8.3%), 유기(8.3%), 잘 모르겠다(8.3%) 순으로 응답하였다.

엄마, 아빠 중 한 분하고만 사는 한부모가정을 보면 어떤 생각이 드는지 알아본 결과 25명(50%)의 유아들이 '불쌍한 생각이 든다'고 하였고, '아무 생각도 안 든다'고 한 유아도 3명(6%) 있었지만 '좋아 보인다'고 응답한 경우도 6명(12%) 있었다.

한부모가정 아동과 친하게 지내고 싶으냐는 질문에 '네'라고 긍정적인 답변을 한 유아는 30명(60%)이었고, '아니오'라고 부정적인 답변을 한 유아는 18명(36%)이었다.

〈표 V-9〉 한부모가정 아동과의 우정형성 여부

N=50(%)

긍정적	30(60)
부정적	18(36)
잘 모르겠다	2(4)

한부모가정 아동과 친하게 지내고 싶은 이유로는 그 친구가 불쌍해서(32명, 53.3%), 심심할까봐(30명, 50%), 그 친구가 좋아서(22명, 36.7%), 그 친구가 착하니까(5명, 16.7%), 그 친구가 멋지니까(3명, 10%), 내가 친구가 없으니까((2명, 6.7%) 순으로 응답했다.

친하게 지내고 싶지 않은 이유로는 엄마, 아빠가 따로따로 사니까(11명, 55%), 그 친구가 싫어서(4명, 20%), 관심이 없어서(3명, 15%) 순이었다.

한부모가정 아동에게 좋은 점이 있느냐는 질문에 '있다'고 한 유아는 17명(34%)에 불과하였고 '없다'고 한 유아는 22명(44%), '잘 모르겠다'고 응답한 유아는 11명(22%)이었다. '없다', '잘 모르겠다'고 응답한 유아는 그 이유로 엄마, 아빠가 헤어진 것(11명, 55%)이라고 응답했다.

유아가 느끼는 한부모가정 아동의 마음을 알아보기 위해 '엄마, 아빠 중 한 분하고만 사는 친구의 마음은 어떨까'라고 물어본 결과 유아들은 슬플 것 같다(33명, 80%), 좋을 것 같다(7명, 14%), 아무렇지도 않다(2명, 4%), 잘 모르겠다(9명, 18%) 순으로 나타났다.

〈표 V-10〉 유아가 인식하는 한부모가정 아동의 심리상태

N=50(%)

슬플 것 같다	32(64)
좋을 것 같다	7(14)
아무렇지도 않다	2(4)
잘 모르겠다	9(18)

유아가 한부모가정 아동과 친하게 놀 때 부모의 반응은 긍정적(28
명, 56%)인 것으로 나타났다. 하지만 좋아하지 않을 것이라고 부정
적(13명, 26%)으로 답하거나 잘 모르겠다(9명, 18%)고 한 경우도
있었다.

<표 V-11> 한부모가정 아동과 접촉 시 부모의 반응

N=50(%)

긍정적	28(56)
부정적	13(26)
잘 모르겠다	9(18)

한부모가정 아동이 커서 훌륭한 사람이 될 수 있는지 잠재가능성
을 알아본 결과 '네'라고 긍정적으로 응답한 유아는 26명(52%), '아
니오'라고 부정적으로 응답한 유아는 22명(44%)이었다.

부정적으로 응답한 유아들은 가장 큰 이유로 엄마, 아빠 중 한 분
이 안 계시니까(14명, 58%)라고 하였다. 유아는 부모의 유무만으로
도 한부모가정에 대한 편견을 가지고 있음을 볼 수 있다.

한부모가정 아동이 미래에 훌륭한 사람으로 성장할 수 있다는 가
능성을 보여주기 위해 한부모가정 출신의 위인에 대해 알고 있는지
물어본 결과 35명(70%)의 유아가 '모른다'고 응답하였으며 '안다'고
응답한 유아는 12명(24%) 정도였다.

<표 V-12> 한부모가정 위인에 대한 정보

N=50(%)

안다	12(24)
모른다	35(70)
잘 모르겠다	3(6)

훌륭한 위인을 '알고 있다'고 대답한 유아에게 알고 있는 분이 누구인지 물어본 결과 한 명만이 테레사 수녀라고 응답하였고 다른 유아들은 '잘 모르겠다'고 하였다. 이러한 것으로 볼 때 유아들은 한부모가정 위인에 대한 정보를 전혀 받지 않았거나 거의 받지 못한 것으로 보인다.

2. 한부모가정에 대한 반편견유아교육프로그램이 유아의 한부모가정에 대한 인식에 미치는 영향

한부모가정에 대한 반편견유아교육프로그램이 유아의 한부모가정에 대한 인식에 어떠한 영향을 미치는지 살펴보기 위해 반편견유아교육프로그램의 실시를 전후하여 실험집단과 통제집단의 교육 전·교육 후 결과를 빈도수와 백분율로 비교하고 교육이 진행되는 과정에서 유아들이 보인 반응을 요약하여 첨가하였다.

유아들에게 '한부모가정이란 말을 들어본 적 있니'라고 용어의 인지 여부를 물어보자 교육 전 모든 유아들은 한부모가정이란 말을 들어보지 못했다(46명, 92%), 잘 모르겠다(4명, 8%)고 응답하였다. 반

면 교육 후에는 실험집단 유아의 21명(95.5%)이 들어보았다고 응답
했고 통제집단의 유아는 2명(10.5%)만이 들어본 적이 있다고 응답하
였다. 이는 교육 전 들어본 적이 있다고 응답한 유아가 한 명도 없었
던 것과 비교하면 큰 차이를 나타내는 것이다.

〈표 V-13〉 한부모가정 용어 인지 여부

N(%)

	교육 전		교육 후	
	실험(N=27)	통제(N=23)	실험(N=22)	통제(N=19)
있다	0	0	21(95.5)	2(10.5)
없다	26(96.3)	20(87.0)	0	17(89.5)
잘 모르겠다	1(3.7)	3(13.0)	1(4.5)	0

유아가 인식하는 한부모가정의 정의를 알아보기 위해 '한부모가정
은 어떤 가정인 것 같니'라고 물어보자 교육 전 실험집단 유아들은
한부모가정은 엄마, 아빠와 함께 아이들이 사는 가정(10명, 37%)이
라고 응답하거나 잘 모르겠다(17명, 63%)고 대답하였고 엄마, 아빠
중 한 분하고만 사는 가정이라고 대답한 유아는 한 명도 없었다. 하
지만 프로그램 교육 후에는 집단 간 차이를 보여 실험집단 유아의
18명(81.8%)이 한부모가정은 엄마, 아빠 중 한 분하고만 사는 가정
이라고 응답한 반면 통제집단은 여전히 엄마, 아빠하고 함께 사는 가
정(7명, 36.8%), 잘 모르겠다(42.1%)고 하였다.

한부모가정에 대한 반편견유아교육프로그램 진행 초기에 유아들은
한부모가정과 양부모가정을 혼동하였으며 '한부모가정은 어떤 가정일
까요'라고 교사가 질문하면 '엄마 하나 살고, 아빠 하나 사는 집'이라
고 응답하는 유아가 있는가 하면 '엄마하고 아빠하고 사는 가정'이라

고 응답하는 유아도 있었다.

<표 V-14> 유아가 인지한 한부모가정의 정의

N(%)

	교육 전		교육 후	
	실험(N=27)	통제(N=23)	실험(N=22)	통제(N=19)
엄마, 아빠와 함께	10(37.0)	6(26.1)	2(9.1)	7(36.8)
엄마, 아빠 중 한분과	0	6(26.1)	18(81.8)	4(21.1)
잘 모르겠다	17(63.0)	11(47.8)	2(9.1)	8(42.1)

한부모가정에 대한 관심을 알아보기 위해 '엄마, 아빠 중 한 분하고만 사는 친구를 본 적이 있니'라고 물어본 결과 교육 전의 실험집단 유아들은 한부모가정을 본 적이 없다(21명, 77%)고 하였고 본 적이 있다고 한 유아는 6명(22.2%)에 불과하였다. 그러나 프로그램 교육 후에서는 9명이 늘어 15명(68.2%)의 유아들이 한부모가정을 본 적이 있다고 응답하였고 본 적이 없다고 응답한 유아는 19명이 감소해 5명(22.7%)에 그쳤다. 반면 통제집단의 경우는 교육 전, 후에 큰 변화가 없었다.

실험집단 유아들은 프로그램 교육을 통해 한부모가정을 자주 접하면서 그들에 대한 관심이 높아진 것을 알 수 있다.

<표 V-15> 한부모가정에 대한 관심유무

N(%)

	교육 전		교육 후	
	실험(N=27)	통제(N=23)	실험(N=22)	통제(N=19)
있다	6(22.2)	6(26.1)	15(68.2)	4(21.1)
없다	21(77.8)	16(69.6)	5(22.7)	15(78.9)
잘 모르겠다	0	1(4.3)	2(9.1)	0

또한 한부모가정에 대한 관심은 대상 유아를 인지하는 데에도 영향을 미쳐 실험집단 유아들은 자신들이 인지한 아이가 '남자', 또는 '여자'라고만 생각하던 것에서 프로그램 교육 후에는 남자, 여자, 그리고 남녀 둘 다(7명, 46.7%)라고 인식하였다. 반면 통제집단의 경우 '남녀 둘 다'라고 한 유아는 1명(25%) 그대로였다.

이는 실험집단 유아들이 프로그램 실시과정에서 '베라', '최영대', '사연 있는 인형' 등 다양한 한부모가정을 접하게 되면서 한부모가정을 인지하게 된 것으로 보인다.

유아가 생각하는 한부모가정의 발생원인을 알아보기 위해 '엄마, 아빠가 왜 한 집에서 살지 않는 것 같니'라고 물어보자 교육 전 실험집단 유아들은 부모 간의 싸움(5명, 83.3%), 이혼(1명, 16.7%)이라고 단순하게 응답하였으나 프로그램 교육 후에는 이혼(11명, 73.3%), 싸움(10명, 66.7%), 사망(7명, 46.7%), 경제적인 이유(6명, 40%), 유기(3명, 20%) 등 다양하게 응답했다. 반면 통제집단은 교육 전, 교육 후에 큰 차이를 보이지 않았다. 이는 유아들이 '따로따로 행복하게'를 통해 싸우는 가정, 이혼가정을 접하게 되었고, 어머니가 돌아가신 '내 짝꿍 최영대'를 통해 아버지의 무관심, 경제적인 어려움 등을 보게 되면서 한부모가정의 다양한 발생에 대해 인지하게 되었다고 보인다.

<표 Ⅴ-16> 한부모가정의 발생원인

N(%)

	교육 전		교육 후	
	실험(N=6)	통제(N=6)	실험(N=15)	통제(N=5)
부모 간의 싸움	5(83.3)	2(33.3)	10(66.7)	2(40.0)
이혼	1(16.7)	2(33.3)	11(73.3)	2(40.0)
사별	0	2(33.3)	7(46.7)	2(40.0)
경제적인 이유	0	1(16.7)	6(40.0)	1(20.9)
유기	0	1(16.7)	3(20.0)	120.0
잘 모르겠다	0	1(16.7)	0	2(40.0)

※ 중복응답.

'그 친구의 엄마, 아빠가 헤어진 것은 잘 한 일이라고 생각하니'라고 부모의 이혼 결정에 대한 유아의 생각을 물어본 결과 실험, 통제집단의 유아들은 각각 아니오(5명, 83.3%)라고 응답했고 각 유아 1명(16.7%)만이 잘 한 일이라고 응답했다. 교육 후에는 실험집단 유아 15명 중 2명(13.3%)만이 엄마, 아빠가 헤어진 것은 잘 한 일이라고 응답하였고 13명(86.7%)은 아니라고 하였다. 이 실험집단의 유아 중 한 명은 편부가정 아이로 '따로따로 사는 것도 좋아요, 처음부터 결혼하면 안됐어요. 따로따로 행복하게 살아요. 그리고 다시 결혼해요.' 등의 반응을 보이기도 하였다.

유아의 한부모가정에 대한 인식을 알아보기 위해 '내가 엄마, 아빠하고만 산다면 어떻겠니'라고 질문한 결과 교육 전 실험집단의 유아 23명(85.2%)과 통제집단의 유아 17명(78.9%)은 '싫어요'라고 응답해 한부모가정에 대해 부정적인 입장을 보였다. 반면 교육 후에는 실험집단의 경우 '싫어요'라고 응답한 유아가 13명(59.1%)으로 9명

(26.1%)이 감소하였으며 통제집단은 교육 전과 비슷한 수준을 유지하였다. 유아들이 응답한 '싫어요'에는 '슬플 것 같다', '기분 나쁠 것 같다', '안 좋다', '울 것 같다' 등의 표현들이 포함되어 있었다.

유아들은 프로그램 진행 중 '엄마, 아빠가 안 싸웠으면 좋겠어요', '엄마, 아빠가 싸우면 화가 나요', '슬퍼요, 차라리 혼자 살고 싶어요', '엄마랑 아빠가 싸웠어요', '속상하고 마음이 아파요', '따로따로 행복하게 살아요, 베라는 엄마랑 살아서 행복해요, 혼자 사는 엄마에게 잘 할 거예요'라고 반응하기도 하였다. 이러한 유아의 인식이 한부모가정에 대한 인식에 영향을 미친 것으로 보인다.

〈표 V-17〉 한부모가정에 대한 인식

N(%)

	교육 전		교육 후	
	실험(N=27)	통제(N=23)	실험(N=22)	통제(N=19)
부정적	23(85.2)	17(73.9)	13(59.1)	15(52.6)
긍정적	0	1(4.3)	2(9.1)	0
잘 모르겠다	4(14.8)	5(21.7)	7(31.8)	4(21.1)

유아들에게 엄마·아빠 중 한 분하고만 사는 친구를 보면 어떤 생각이 드는지 한부모가정 아동에 대한 인식을 물어본 결과 교육 후 실험집단은 불쌍한 생각이 든다고 응답한 유아가 교육 전의 11명 (40.7%)에서 17명(77.3%)으로 증가한 반면 통제집단의 경우는 14명 (66.9%)에서 13명(68.3%)으로 1.4% 증가한 것에 그쳤다.

이러한 변화는 한부모가정에 대한 반편견교육프로그램이 유아의 한부모가정에 대한 감정이입 경험을 풍부하게 하여 한부모가정 아동에 대한 이해를 도운 것으로 보인다. 실제로 유아들은 '난 영대와 달

라요'라는 활동에서 '최영대'와 '베라'를 비교하면서 '나는 착한 아이
야, 친구들이 왜 나만 싫어하지? 나는 엄마가 돌아가셔서 슬퍼요, 최
영대는 불쌍했어요, 불쌍하고 슬프고 울었습니다' 등으로 최영대를
묘사하였다.

〈표 V-18〉 한부모가정 아동에 대한 인식

N(%)

	교육 전		교육 후	
	실험(N=27)	통제(N=23)	실험(N=22)	통제(N=19)
불쌍한 생각이 든다	11(40.7)	14(60.9)	17(77.3)	13(68.3)
좋아 보인다	5(18.5)	1(4.3)	3(13.6)	1(5.3)
아무 생각도 안 난다	2(7.4)	1(4.3)	2(9.1)	4(21.1)
잘 모르겠다	9(33.3)	7(30.4)	0	1(5.3)

한부모가정 아동과 친하게 지내고 싶은지 우정형성에 대해 살펴본
결과 교육 전, 교육 후에 큰 차이를 보이고 있다. 교육 전에는 실험
집단의 유아들 중 18명(66.7%)만이 한부모가정 아동과 친하게 지내
고 싶다고 하였으나 교육 후에는 22명 전원이(100%) 친하게 지내고
싶다고 하였다.

이는 한부모가정에 대한 반편견교육과정에서 '엄마의 의자', '내 친
구 최영대', '북두칠성이 된 형제들', '훌륭한 한부모가정 위인'들을 대
하고 감정이입하면서 한부모가정 아동에 대한 긍정적인 인식을 갖게
되었기 때문으로 보인다. 유아들은 '베라', '최영대', '북두칠성 형제'에
대해 '나는 진짜 진짜 행복해, 베라는 행복하게 살아요', '베라 친구를
나를 좋아하지', '영대야, 내가 친구해 줄게', '나도 북두칠성이 되고
싶어요'라고 말했다. 반면 통제집단에서는 교육 전, 교육 후 간에 차

이를 보이지 않았다.

〈표 V-19〉 한부모가정 아동과의 우정형성 여부

N(%)

	교육 전		교육 후	
	실험(N=27)	통제(N=23)	실험(N=22)	통제(N=19)
긍정적	18(66.7)	12(52.2)	22(100.0)	10(52.6)
부정적	7(25.9)	11(47.8)	0	8(42.1)
잘 모르겠다	2(7.4)	0	0	1(5.3)

한부모가정 아동과 친하게 지내고 싶은 이유로 교육 전 실험집단 유아들은 그 친구가 불쌍해서(11명, 61.1%), 그 친구가 심심할까봐(8명, 44.4%)라고 동정적인 입장을 보이다가 프로그램 교육 후에는 이상의 항목 외에 그 친구가 불쌍해서(14명, 63.6%), 착하니까(14명, 63.6%), 내가 친구가 없으니까(12명, 54.4%), 그 친구가 좋아서(11명, 50%), 그 친구가 멋지니까(7명, 31.8%) 등 다양하게 응답해 우정형성에 긍정적인 입장을 보였다. 하지만 통제집단은 여전히 부정적인 입장(10명, 52.6%)을 보였으며 그 이유로 엄마, 아빠가 따로따로 사니까(6명, 66.7%), 그 친구가 싫어서(4명, 44.4%), 더럽고 냄새가 나서(4명, 44.4%), 울보니까(3명, 33.3%), 관심이 없어서(3명, 33.3%)라고 응답했다.

한부모가정 아동에게 좋은 점이 있는지 유아들이 평가하는 장점을 살펴본 결과 교육 후에 실험집단의 15명(68.2%)이 한부모가정 아동에게 장점이 있다고 하였으나 통제집단은 3명(15.8%)만이 장점이 있다고 하였다. 이는 실험집단 유아들이 한부모가정 위인에 대해 이야

기 나누기를 통해 다양한 업적, 성장과정 등을 알게 되면서 한부모가
정 아동에 대한 긍정적인 인식을 갖게 된 것으로 보인다.

〈표 V-20〉 한부모가정 아동의 장점 유무

N(%)

	교육 전		교육 후	
	실험(N=27)	통제(N=23)	실험(N=22)	통제(N=19)
있다	11(40.7)	6(26.1)	15(68.2)	3(15.8)
없다	12(44.4)	10(43.5)	6(27.3)	13(68.4)
잘 모르겠다	4(14.8)	7(30.4)	1(4.5)	3(15.8)

실험집단의 유아들은 한부모가정의 장점으로 그 친구는 용감하다
(12명, 80%), 예쁘다(10명, 66.7%), 친절하다(9명, 60%), 장난감이
많다(4명, 26.7%) 순으로 응답하였다. 반면 한부모가정 아동이 좋지
않은 점으로는 통제집단 유아 12명(75%)과 실험집단 유아 1명
(14.3%)은 엄마, 아빠가 따로따로 살기 때문이라고 응답하기도 하였
다. 통제집단 유아들은 여전히 엄마, 아빠가 따로따로 살기 때문에
좋은 점이 없다고 하였다.

유아가 느끼는 한부모가정 아동의 마음을 알아보기 위해 '엄마, 아
빠 중 한 분하고만 사는 친구의 마음은 어떨까'라고 물어본 결과 교
육 전에는 슬플 것이라고 응답한 유아가 16명(59.3%)에서 교육 후 11
명(50%)으로 감소한 반면 행복할 것이다(7명, 31.8%), 아무렇지도
않다(4명, 18.2%)는 조금 증가한 것을 볼 수 있다. 하지만 통제집단
은 슬플 것(14명, 73.7%)이라는 응답이 조금 증가한 것을 볼 수 있다.
유아들은 '가시고기 아빠의 아기 사랑', '엄마의 의자'를 접하면서

'아빠, 내가 이만큼 사랑해요', '가시고야, 엄마가 떠나셔서(떠났지만) 너무 걱정하지마', '나도 널 하늘만큼 우주만큼 사랑해', '아기 가시고 기가 불쌍해요', '아빠는 널 우주만큼 사랑한다. 저도 아빠를 사랑해요', '베라는 행복하게 살았어요', '엄마가 식당에 다녀서 돈을 많이 벌어왔어요', '베라가 슬플 것 같기도 하고 기쁠 것 같기도 해요', '베라는 엄마하고 행복하게 살았어요' 등의 반응을 보였는데 이러한 생각의 변화가 한부모가정 아동의 마음을 감정이입하여 조금씩 긍정적으로 보기 시작한 것으로 보인다.

<표 V-21> 유아가 인식한 한부모가정 아동의 심리상태

N(%)

	교육 전		교육 후	
	실험(N=27)	통제(N=23)	실험(N=22)	통제(N=19)
슬플 것이다	16(59.3)	16(69.6)	11(50.0)	14(73.7)
행복할 것이다	5(18.5)	2(8.7)	7(31.8)	0
아무렇지도 않다	1(3.7)	1(4.3)	4(18.2)	0
잘 모르겠다	5(18.5)	4(17.4)	0	5(26.3)

유아가 한부모가정 아동과 친하게 지낼 때 부모님이 어떠한 반응을 보이는지 알아보기 위해 '엄마, 아빠 중 한 분하고만 사는 친구와 친하게 놀면 엄마, 아빠가 좋아하실까'라고 유아가 인식하는 부모의 반응을 알아본 결과 교육 전 유아들은 자신의 부모님들이 한부모가정 아동과 친하게 지내는 것을 좋아하신다(44~67% 정도)고 보고 있었다. 하지만 부모님이 한부모가정 아동과 친하게 지내는 것을 싫어하신다고 응답한 유아도 22~30% 정도 차지하고 있다. 교육 후에는 좋아하신다, 싫어하신다에 약 10% 정도의 차이를 보였다.

〈표 V-22〉 한부모가정 아동과 접촉 시 부모의 반응

N(%)

	교육 전		교육 후	
	실험(N=27)	통제(N=23)	실험(N=22)	통제(N=19)
좋아하신다	18(66.7)	10(43.5)	17(77.3)	12(63.2)
싫어하신다	6(22.2)	7(30.4)	3(13.6)	6(31.6)
잘 모르겠다	3(11.1)	6(26.1)	2(9.1)	1(5.3)

한부모가정 아동이 커서 훌륭한 사람이 될 수 있는지 잠재가능성을 알아본 결과는 교육 전에는 실험, 통제집단 모두 50% 정도만이 긍정적인 반응을 보였지만 교육 후의 경우 실험집단은 한부모가정의 잠재능력에 대해 긍정적인 입장을 보인 유아가 14명(51.9%)에서 20명(90.9%)으로 증가하였고, 부정적이라고 응답한 경우는 12명(44.4%)에서 2명(9.1%)으로 낮아진 반면 통제집단은 긍정적이라고 한 경우가 12명(52.2%)에서 6명(31.6%)으로 감소했고 부정적인 답변도 10명(43.5%)에서 11명(57.9%)으로 증가했다.

프로그램 진행 초기에도 유아들은 한부모가정 아동은 엄마, 아빠가 없기 때문에 훌륭한 사람이 될 수 없다고 하였으며 훌륭한 위인 중에는 한부모가정 출신의 위인이 없을 것이라고 밝히기도 하였다. 하지만 프로그램을 진행하면서 '한부모가정에는 훌륭한 인물이 많아요'라고 이야기하였다. 특히 한부모가정 아동은 면담 중 '선생님과 이야기했을 때 그 친구도 훌륭한 사람이 될 수 있다고 했어요'라고 대답하였다. 이를 볼 때 한부모가정에 대한 반편견교육프로그램이 한부모가정 아동의 자아존중감에 긍정적인 영향을 미치는 것을 알 수 있다.

<표 V-23> 한부모가정 아동의 잠재능력에 대한 인식

N(%)

	교육 전		교육 후	
	실험(N=27)	통제(N=23)	실험(N=22)	통제(N=19)
긍정적	14(51.9)	12(52.2)	20(90.9)	6(31.6)
부정적	12(44.4)	10(43.5)	2(9.1)	11(57.9)
잘 모르겠다	1(3.7)	1(4.3)	0	29(10.5)

유아가 가지는 한부모가정 아동의 미래에 대한 성장가능성을 알아보기 위해 '한부모가정 출신의 훌륭한 위인에 대해 알고 있니'라고 물어본 결과 교육 후의 실험집단은 한부모가정 위인을 안다고 응답한 유아가 6명(22.2%)에서 22명(100%)으로 증가한 반면 통제집단은 6명(26.1%)에서 0%로 감소하였다.

이러한 이유는 한석봉, 베토벤, 나폴레옹, 간디, 링컨, 퀴리 부인 등 '한부모가정 출신의 훌륭한 위인들'을 소개하고 그분들의 업적을 다루어서 유아들이 한부모가정 위인에 대한 정보를 많이 얻었기 때문이다.

<표 V-24> 한부모가정 출신의 위인에 대한 정보

N(%)

	교육 전		교육 후	
	실험(N=27)	통제(N=23)	실험(N=22)	통제(N=19)
안다	6(22.2)	6(26.1)	22(100)	0
모른다	19(70.4)	16(69.6)	0	18(94.7)
잘 모르겠다	2(7.4)	1(4.3)	0	1(5.3)

한부모가정의 훌륭한 위인을 안다고 응답한 유아를 대상으로 '그분은 누구시니'라고 물어본 결과 실험집단 유아들 중 교육 전에는 한

명만이 한부모가정 위인을 안다고 하였으나 프로그램 교육 후에는 많은 유아가 한석봉, 나폴레옹, 베토벤, 링컨, 이퇴계, 간디·김정희, 퀴리 부인 등 다수의 위인을 안다고 하였다. 반면 통제집단 유아들은 한부모가정 위인을 전혀 알지 못하는 것으로 나타났다.

유아들이 제일 좋아하는 한부모가정 위인을 살펴본 결과 교육 후 실험집단의 유아들은 베토벤, 나폴레옹, 한석봉, 링컨, 퀴리 부인 등을 꼽았지만 통제집단 유아들은 응답하지 못했다.

이러한 결과를 볼 때에 한부모가정 반편견유아교육프로그램이 유아의 한부모가정에 대한 인식에 긍정적인 영향을 미쳤음을 알 수 있다.

  이 연구는 한부모가정에 대한 반편견유아교육프로그램을 개발하고
이를 직접 어린이집에 실시하여 유아의 한부모가정에 대한 인식에
미치는 효과를 알아보고자 하였다.

  이 연구에 참여한 집단은 서울 시내 어린이집의 7세 반 유아로 사전
검사의 경우는 실험집단 27명, 통제집단 23명으로 총 50명이었으며, 사
후검사에서는 실험집단 22명, 통제집단 19명의 총 41명이 참여하였다.

  본 연구의 결과를 살펴보면 다음과 같다.

  첫째, 한부모가정에 대한 반편견유아교육프로그램은 한부모가정과
반편견교육에 대한 문헌을 고찰하여 한부모가정에 대한 목표와 내용
을 선정하고 이를 달성하기 위해 다섯 가지 주제로 구성되었다. 각
주제는 다양한 가족구성, 결혼 그리고 이혼, 홀로서기, 내가 엄마(아
빠)하고만 산다면, 훌륭한 한부모가정 위인들로 순차적으로 실시하도
록 되어 있으며 활동은 이야기 나누기, 그림동화, 언어, 동극, 인형극,
수·과학, 미술, 음악, 신체표현, 사회, 게임 등으로 이루어졌다. 또한
6차 유아교육과정과 반편견교육과정의 특성을 통합하고 그림동화와

사연 있는 인형, 토의 중심의 활동을 전개하고 있다.

이렇게 구성된 한부모가정 반편견유아교육프로그램은 유아의 한부모가정에 대한 인식에 영향을 미쳐 고정관념과 편견을 완화시키는데 도움을 주었다.

둘째, 가정 및 결혼, 이혼, 한부모가정에 대한 유아의 인식을 살펴본 결과 유아들은 가정 및 결혼에 대해서는 긍정적으로 인식하고 있는 반면 이혼, 한부모가정에 대해서는 부정적으로 인식하고 있는 것으로 나타났다. 유아들은 가정은 행복한 곳으로 결혼은 엄마, 아빠가 함께 살기로 약속하여 자녀를 낳고 할아버지, 할머니를 잘 모시고 사랑하며 사는 것으로 인식하고 있었으며 이혼과 같은 가족의 분리, 해체에 대해서는 두려움을 느끼는 것으로 나타났다.

유아들은 한부모가정이라는 용어를 들어본 적은 없지만 엄마, 아빠 중 한 분하고만 사는 가정을 본 적이 있다고 하였으며 한부모가정의 발생원인으로 부모의 불화, 이혼, 사별, 경제적인 이유, 유기 등을 들었다. 유아들은 엄마, 아빠가 헤어지는 것을 친구에게 말하지 않겠다고 하였는데 그 이유로 창피해서, 잘못된 것 같아서, 친구들의 놀림 때문이라고 응답했다.

또한 한부모가정의 아동을 불쌍하게 생각했으며 엄마·아빠 중 한 분이 안계시기 때문에 친하게 지내고 싶지 않다고 하였고, 한부모가정 아동은 훌륭한 사람이 될 수 없다고 인식하고 있었다.

이러한 결과에서 알 수 있듯이 한부모가정에 대한 유아의 인식은 부정적이며, 한부모가정 아동에 대해 잘못된 편견을 가지고 있는 것으로 나타났다. 이러한 이유는 한부모가정에 대한 무관심과 편파적인 정보 제공 또는 정보의 부재 때문인 것으로 보인다.

셋째, 한부모가정 아동에 대한 인식을 프로그램 교육 전과 교육 후로 살펴본 결과 통제집단 유아와는 달리 실험집단 유아들은 한부모가정의 의미와 발생원인을 더 잘 이해하게 되었으며 한부모가정에 대해 긍정적으로 인식하게 되었다. 이에 실험집단 유아들은 한부모가정 친구와 친하게 지내고 싶다고 하였으며 한부모가정 친구에게 좋은 점이 있느냐는 질문에 통제집단 유아(15.8%)에 비해 좋은 점(68.2%)이 있다고 응답하였다. 한부모가정 아동의 심리상태에 대해서는 통제집단 유아의 대부분(73.7%)은 슬플 것 같다, 잘 모르겠다(26.3)고 응답한 반면 실험집단 유아들은 슬플 것 같다(50%), 행복할 것 같다(31.8%), 아무렇지도 않다(18.2%)고 응답하였다.

한부모가정 아동의 잠재능력과 관련해 한부모가정 아동이 커서 훌륭한 사람이 될 수 있는지 살펴본 결과 통제집단은 6명(31.6%)만이 훌륭한 사람이 될 수 있다고 한 반면 실험집단은 20명(90.9%)이 훌륭한 사람이 될 수 있다고 하였다. 훌륭한 한부모가정 위인에 대한 정보에 대해 통제집단의 유아들 18명(94.7%)은 모른다고 한 반면 실험집단의 유아들 22명(100%)은 한부모가정 위인을 알고 있다고 하였다. 이러한 변화는 한부모가정에 대한 반편견유아교육프로그램이 유아의 한부모가정에 대한 인식에 긍정적인 영향을 미쳤음을 나타낸다.

결론적으로 말해 유아들은 한부모가정에 대해 잘 모르거나 부정적인 인식을 가지고 있었으나 반편견교육을 통해 더 잘 이해하고 긍정적으로 생각할 수 있게 되었음을 알 수 있다. 그리고 그림동화나 사연 있는 인형을 활용한 토의식 교육이 효과적임을 보여주고 있다.

논의에 따른 제한점과 후속 연구과제는 다음과 같다.

이 연구는 준실험연구로 실험에 참여한 인원은 실험, 통제집단을 합해 약 50여 명이었다. 이러한 숫자는 전체 아동의 한부모가정에 대한 인식을 알아보는 데 미약한 수준이며 실험설계 집단이 서울시 소재 어린이집 두 곳으로 전국적으로 일반화하기 어렵다.

또한 이 프로그램은 총 5단계로 주 1회 종일제 프로그램으로 운영되었지만 한부모가정에 대한 편견을 불식시키는 데에는 부족한 시간이었다. 이를 보완하기 위해서는 한부모가정에 대한 반편견교육을 연간교육과정에 포함시켜 충분한 시간을 두고 적절히 활용하여야 할 것이다.

끝으로 이 연구는 한부모가정에 대한 반편견교육프로그램을 일반 유아를 대상으로 개발, 실시하는 것이었지만 앞으로는 좀더 나아가 일반아동, 한부모가정 아동, 교사, 부모로 이어지는 반편견교육프로그램이 개발되어 유아, 교사, 가정이 서로 연계되는 반편견교육이 실시되어야 한다고 본다.

참고문헌

교육부(1998), 제6차 유치원 교육과정 개정안.

_____(1983), 성교육지도자료; 유치원·초등학교 교사용.

권영미(2000), 부모의 이혼이 자녀의 자아존중감과 사회성에 미치는 영향, 중앙대학교 대학원 석사학위논문.

강미형(2001), 문학적 접근을 통한 반편견교육의 효과, 성신여자대학교 석사학위논문.

강소원(2000), 반편견 사고 게임과 그림동화 활동이 유아의 성역할 고정관념에 미치는 영향, 한양대학교 석사학위논문.

권현수(2000), 반편견 그림동화를 통한 토의 활동이 유아의 신체 외모 인식에 미치는 영향, 성신여자대학교 교육대학원 석사학위논문.

김광억(1996), 한국문화의 국제화, 국제화에 대한 사회과학적 이해.

김남숙(1993), 부모의 이혼이 청소년 자녀에게 미치는 영향, 중앙대학교 석사학위논문.

김래경(2001), 반편견교육에 관한 유치원 교사의 인식 및 실태 연구, 전남대학교 대학원 석사학위논문.

김인숙(1997) 외, 가족복지학, 학지사.

김정희(1999), 반편견교육에 대한 유아교사의 인식과 현황조사, 총신대 교육대학원 석사학위논문.

김은정(2000), 반편견교육을 위한 도서의 분석, 이화여자대학교 대학원 석사학위논문.

김정희(1999), 반편견교육에 대한 유아교사의 인식과 현황조사, 총신대학교 교육대학원 석사학위논문.

김지현(2000), 개작된 전래동화가 유아의 반편견(Anti-bias)적 인식에 미치는 효과, 중앙대학교 석사학위논문.

동승자(2000), 이혼가정 아동의 통제소재, 스트레스 대처행동과 우울, 불안의 관계, 가톨릭대학교 심리상담 대학원 석사학위논문.

문현숙(1999), 이혼 후 적응과정에 관한 사례연구, 부산대학교 대학원 석사학위논문.

박해미·정종원(2000), 반편견교육과정의 적용: 이혼개념을 중심으로, 유아교육연구.

변화순(1997), 현대가정의 이혼실태와 제반문제, 한국인간발달학회.

_____(1996), 이혼가족을 위한 대책연구, 한국여성개발원.

보건복지부(1996), 모자복지법 부녀복지관련법령집.

서영숙(1986), 국민학교 아동의 성역할고정관념의 발달적 경향과 성평등역할교육에 따른 변화, 아세아여성연구.

_____(2001), 반편견유아 성교육프로그램, 열린유아교육학회.

성구진(1995), 반편견 그림동화가 유아의 성역할 고정관념에 미치는 영향, 이화여자대학교 대학원 석사학위논문.

성민선·송준(1988), 가족의사교통의 새로운 기법/사람만들기의 가정공학, 홍익제.

손미숙(2000), 반편견 그림동화가 유아의 장애인 인식과 태도에 미치는 영향, 건국대학교 석사학위논문.

송숙진(1999), 반편견교육을 위한 유아의 인종, 장애, 문화에 대한 인식과 태도조사, 성신여자대학교 대학원 석사학위논문.

송정아(1998), 아동 성교육프로그램, 고신대 아동연구.

양복순(2000), 반편견교육활동이 유아의 자아개념, 조망수용능력 및 친사회적 행동에 미치는 영향, 명지대학교 교육대학원 석사학위논문.

오은순(1997), 이혼가정 아동의 적응에 영향을 미치는 생태학적 변인들의 구조분석, 이화여자대학교 대학원 박사학위논문.

오병미(1998), 이혼가정 자녀들의 열등감/대전분류심사원생들을 중심으로, 침례신학대학교 대학원 석사학위논문.

유재련(1999), 유아교육기관의 성교육 실태와 개선방안에 관한 연구, 경남대학교 교육대학원 석사학위논문.

유희정(2000), 취학 전 아동의 양성평등의식 교육프로그램 개발, 한국여성개발원.

윤혜원(1990), 유아의 성역할 고정관념에 관한 연구, 이화여자대학교 대학원 석사학위논문.

이경우·이은화 역(1999), 반편견교육과정, 창지사.

이종숙(1997), 이혼가정자녀의 적응에 대한 사회심리적·발달적 이해: 이혼과 적응. 한국인간발달학회.

이연승(1999), 반편견교육에 사연 있는 인형 사용하기, 어린이교육(창간호), 대한어린이 교육협회.

이유환(2001), 반편견교육활동이 장애유아에 대한 일반아동의 태도변
    화에 미치는 효과, 대구가톨릭대학교 석사학위논문.

이인순 외(1997), 가족복지학, 학지사.

이정희(1999), 반편견교육활동이 유아의 인종에 대한 고정관념 완화
    에 미치는 효과, 덕성여자대학교 교육대학원 석사학위논문.

전문숙(2001), 문제해결을 위한 토의호라동이 유아의 대처능력에 미
    치는 영향, 한국교원대학교 교육대학원 석사학위논문.

정은영(2001), 문학적 접근을 통한 반편견교육활동이 유아의 장애인
    에 대한 인식과 태도에 미치는 영향, 서울여자대학교 석사학
    위논문.

주소희(1992), 이혼 가정 자녀의 정신건강에 관한 연구, 이화여자대
    학교 대학원 석사학위논문.

채규만(1997), 이혼이 자녀에 미치는 영향과 심리치료적 접근방법,
    한국인간발달학회.

최경화(2001), 개작된 전래동화를 활용한 반편견교육활동이 유아의
    성역할 고정관념 감소에 미치는 효과, 부산대학교 교육대학원
    석사학위논문.

최연자(2001), 사연 있는 인형을 활용한 반편견교육프로그램이 유아
    의 장애수용태도에 미치는 효과, 성균관대학교 교육대학원 석
    사학위논문.

통계청(2001), 인구동태통계연보.

_____(2001), 2000 인구주택총조사(가구, 주택 부분).

한경혜(1997), 이혼 후 재혼가정의 부모-자녀 적응, 한국인간발달학회.

허정원(1998), 이혼한 편모의 가족 및 사회관계망 지원과 이혼 후 적
　　응, 서울대학교 소비자아동학과 석사학위논문.

홍연애(1993), 전형적, 비전형적 성역할 VTR프로그램이 유아의 성역
　　할 고정관념에 미치는 효과, 고려대학교 대학원 박사학위논문,
　　미간행.

＿＿＿(1991), 유아의 성역할 고정관념 발달과 이야기 유형의 효과,
　　한국아동학회지.

황은숙(2005), 이혼가정 부모교육 프로그램의 개발과 실시효과, 숙명
　　여대 박사학위 논문

황은주(2000), 반편견 그림동화를 통한 문학적 접근이 유아의 성역할
　　고정관념에 미치는 영향, 원광대학교 교육대학원 석사학위논문.

Allison & Furstenberg(1989), How marital dissolution affects
　　children: Variations by age sex. Development. Psychology,
　　25, 540-549.

Bishop, R. S.(1992), Extending multicultural understanding. In B. E.
　　Cullinan, (ED.), Invitation to read: More children's literature
　　in the reading program. Netark, Del: International Reading
　　Association.

Block, Block & Gierde(1988), Parental functioning and the home
　　environment of families of divorce: Prospective and current
　　analyses. Journal of the American Academy of Child and
　　Adolescent psychiatry, 27, 207-213.

Derman-Sparks, L., & the A.B.C. Task Force(1989). Anti-bias

Curriculum: Tools for empowering young children. NAEYC.

Devine, P. G.(1989), Stereotypes and prejudice: Their automatic and Controlled Components. Journal of personality and Social Psychology.

Fennimore, B. S.(1994), Addressing prejudice: Their automatic and controlled components. Journal of Personality and Social Psychology.

Flerx, V. C., Fildler, D. S., & Roger, R. W.(1976). Sex role stereotypes: Developmental aspects and early intervention. Child Development, 47, 998-1007.

Glickman, Jill M.(1992). Social Studies for Preschool Children Through Cognitive Intervention of the Acquisition of Sex-Role Stereotypes. ED.

Guttmann, J(1993). Divorce in Psychosocial Perspective: Theory and Research. New Jersey: Hillsdale.

Guttentag, M. and H. Bray.(1976), Undoing Sex Stereotypes: Research and Resources for Educators. Now York: McGraw-Hill.

Hall. M. S & Rhomberg. V(1995). The affective Curriculum. Teaching the Anti-Bias approach to Young Children. Nelson Canada.

Jones, E., & Derman-Sparks, L(1992). Meeting the challenge of diversity. Young children. 4792, 12-18.

Mendens, H. A(1997), single-parent Family: A Typology of life

Style, social Work.

Parish & Dostal(1980), Evaluations of self and parents as a function of inactness of family happiness, Journal of Youth and Adolescence, 9, 347-351.

Parish & Wigle(1985), A longitudinal study of the impact of parental divorce on adolescents evaluations of self and parents. Adolescence, 16, 203-210.

Porro(1982), Creating Nonsexist Classroom: A Process Approach. Paper presented at the Annual Meeting of the American Educational Research Association(ERIC No: 217-979).

Ramsey, P. G.(1987). Teaching and learning in a diverse world: Multicultural education for young children. Teachers College Press, N. Y: Columbia Univ.

Sadker & Sadker(1976), Nonsexist teaching: Strategies and practical applications. Teaching About Women in the Social Bulletin. 48, National Council for the Social Studies.

Trost, J.(1980), The Concept of One Parent Family. Journal of Comparative Family Studies 11. No.1.

Wallerstein, J. S., & Kelly, J. B.(1980). Surviving the breakup: How children and parents cope with divorce. New York: basic Books.

Wallerstein, J. S. & Blakeslee, S.(1989). Second Chances; Men. Women, and Children a Decade After Divorce, New York:

Ticknor & Fields.

Zimmerman, S. L.(1983). The Reconstructed Welfare State and the Fate of Family Policy. Social Casework. Oct.

한부모가정에 대한 인식 질문지

사전(사후)검사일자: 2001년 월 일

검사자:

반 명:

유아 명: (남, 여)

생년월일: 년 월 일

106

〈응답자 가족 사항〉

1. OO는 가족이 있니?
 1) 예 2) 아니오 3) 잘 모르겠어요

2. OO는 누구누구랑 함께 살고 있니?
 1) 엄마 2) 아빠 3) 할아버지 4) 할머니
 5) 손위 형제 6) 동생 7) 기타

〈가정 및 결혼에 대한 인식〉

3. OO는 가정이 어떤 곳이라고 생각하니?
 1) 가정은 행복한 곳이다.
 2) 가정은 있어도 되고 없어도 되는 곳이다.
 3) 가정은 불행한 곳이다.
 4) 잘 모르겠다.

4. (그림 부록-1) '결혼'이란 말 들어본 적 있어요?
 1) 네 2) 아니오 3) 잘 모르겠어요

5. 결혼이 무엇이라고 생각하니?
 1) 결혼은 엄마, 아빠가 함께 살기로 약속한 것이다.
 2) 결혼은 엄마, 아빠가 아이를 낳는 것이다.
 3) 결혼은 엄마, 아빠가 할아버지, 할머니를 잘 모시는 것이다.
 4) 결혼은 엄마, 아빠가 서로 사랑하는 것이다.

〈이혼에 대한 인식〉

6. (그림 부록-2) 엄마, 아빠가 싸우는 것을 본 적 있니?

    1) 네   2) 아니오   3) 잘 모르겠어요

7. 엄마, 아빠가 싸울 때 너는 어떤 느낌이 들었니?

    1) 나쁜 느낌   2) 아무렇지도 않았다   3) 좋은 느낌

8. OO는 엄마, 아빠가 왜 싸우시는 것 같았니?(여러 개 선택가능)

    1) 아빠가 술을 많이 마시고 늦게 들어와서

    2) 아빠가 돈을 안 벌어 와서

    3) 나 때문에 화가 나서

    4) 엄마, 아빠가 서로 사이가 좋지 않아서

    5) 기타

9. (그림 부록-3) OO는 '이혼'이란 말 들어본 적 있니?

    1) 네   2) 아니오   3) 잘 모르겠어요

10. OO는 이혼이 무엇이라고 생각하니?

    1) 이혼은 엄마, 아빠가 헤어지는 것이다.

    2) 이혼은 엄마, 아빠가 따로따로 사는 것이다.

    3) 이혼은 내가 엄마나 아빠 중 한 분하고만 사는 것이다.

    4) 이혼은 내가 할아버지, 할머니 집에서 사는 것이다.

11. ○○의 엄마, 아빠가 서로 싫어해 헤어지기로 한다면 어떻겠니?

   1) 좋아요　　2) 싫어요　　　3) 잘 모르겠어요

11-1. ('좋아요'라고 대답하면) 엄마와 아빠가 헤어지는 것이 왜 좋다
     고 생각하니?(여러 개 선택가능)

   1) 헤어지면 앞으로 안 싸울 거니까요

   2) 아빠가 엄마와 나를 괴롭히지 않으니까요

   3) 따로따로 사는 것이 더 행복하니까요

   4) 엄마, 아빠가 헤어지면 집, 가구, 개, 부모님이 모두 두 배가
      되니까요

   5) 기타

11-2. ('싫다'라고 대답하면) 엄마, 아빠가 헤어지는 것이 왜 싫으니?
     (여러 개 선택가능)

   1) 엄마, 아빠가 따로따로 사는 것이 싫어요

   2) 엄마, 아빠가 아이들을 서로 키우려고 싸우니까요

   3) 엄마, 아빠가 헤어지는 것을 남들이 알까 봐요

   4) 아빠가 없으면 돈을 벌어올 사람이 없으니까요

   5) 엄마, 아빠는 싸우다가도 다시 친해지니까요

   6) 기타

12. 만약 엄마, 아빠가 헤어진다면 친구에게 말하겠니?

   1) 네　　　　2) 아니오　　　3) 잘 모르겠어요

12-1. (네라고 하면) 엄마, 아빠가 헤어지는 것을 왜 친구에게 말하
　　　고 싶니?(여러 개 선택가능)

　　　1) 남들이 알아도 되니까요 2) 친구에게 이야기하고 싶어서요

　　　3) 친구가 친절하게 해 줄 것 같아서요

　　　4) 엄마, 아빠가 헤어지면 행복해지니까요 5) 기타

12-2. (아니오라고 하면) 엄마, 아빠가 헤어지는 것을 왜 친구들에게
　　　말하고 싶지 않니?(여러 개 선택가능)

　　　1) 나쁜 일 같아서요

　　　2) 창피해서요

　　　3) 남들이 아는 것이 싫어요

　　　4) 헤어진 엄마, 아빠를 다시 만날 거니까요

　　　5) 그 일로 친구와 싸우고 싶지 않아서요

　　　6) 놀릴까봐

　　　7) 기타

〈한부모가정에 대한 인식〉

13. '한부모가정'이라고 들어본 적 있니?

　　　1) 네　　　　　2) 아니오　　　　3) 잘 모르겠어요

14. ○○가 생각하기에 한부모가정은 어떤 가정일 것 같니?

　　　1) 엄마, 아빠하고 아이들이 함께 사는 가정

　　　2) 엄마나 아빠 중 한 분하고 아이들이 사는 가정

　　　3) 잘 모르겠다

15. (그림 부록-4, 5) ○○는 이 그림처럼 엄마나 아빠 중에서 한 분
   하고만 사는 친구 본 적 있니?
   1) 네   2) 아니오   3) 잘 모르겠어요

16. 그 친구는 여자였니 남자였니?
   1) 여자   2) 남자   3) 둘 다

17. 그 친구의 엄마, 아빠가 왜 한집에서 살지 않는 것 같니?
   (여러 개 선택가능)
   1) 서로 싸워서요
   2) 엄마나 아빠 중 한 사람이 돌아가셔서
   3) 엄마, 아빠가 헤어져서
   4) 돈이 없어서
   5) 아이들을 미워해서
   6) 기타

18. 그 친구의 엄마, 아빠가 헤어진 것은 잘한 일이라고 생각하니?
   1) 네   2) 아니오   3) 잘 모르겠다

18-1. (네라면) 왜 헤어진 것이 잘한 일이라고 생각하지?(여러 개 선
   택가능)
   1) 따로따로 살면 싸우지 않아도 되니까요
   2) 엄마와 아들, 딸이 아빠에게 안 맞아도 되니까요
   3) 아빠가 술을 마시고 행패부리는 것을 안 봐도 되니까요
   4) 기타

18-2. (아니라고 하면) 왜 헤어진 것이 왜 잘못됐다고 생각하지?

　　(여러 개 선택가능)

　1) 아이들이 불쌍하니까요

　2) 가난해 지니까요

　3) 싸워도 한집에서 사는 것이 좋으니까요

　4) 기타

〈한부모가정 아동에 대한 인식〉

19. (그림 부록-4, 5) 엄마나 아빠 중 한 분하고만 사는 친구를 보면
　　어떤 생각이 드니?

　1) 불쌍한 생각이 든다　　2) 아무 생각도 안 든다

　3) 좋아 보인다　　　　　　4) 잘 모르겠다

20. 엄마나 아빠 중 한 분하고만 사는 친구의 마음은 어떨까?

　1) 슬플 것 같아요　　　　2) 아무렇지도 않을 것 같다

　3) 행복할 것 같다　　　　4) 잘 모르겠다

21. 너는 엄마나 아빠 중 한 분하고만 사는 한부모가정 친구와 친하
　　게 지내고 싶니?

　1) 네　　　　　2) 아니오　　　　3) 잘 모르겠다

21-1. (네라고 하면) 왜 한부모가정 친구와 친하게 지내고 싶니?

　　(여러 개 선택가능)

　1) 그 친구가 좋아서　　　2) 그 친구가 심심할까봐

3) 그 친구가 불쌍해서   4)그 친구가 멋지니까

5) 그 친구가 착하니까   6) 내가 친구가 없으니까

7) 기타

21-2. (아니라고 하면) 너는 왜 한부모가정 친구와 친하게 지내고 싶지 않니?(여러 개 선택가능)

1) 그 친구가 싫어서   2) 엄마, 아빠가 따로따로 사니까

3) 관심이 없어서   4) 더럽고 냄새가 나서

5) 울보니까   6) 기타

22. ○○가 생각하기에 한부모가정의 친구에게 좋은 점이 있는 것 같니?

1) 네   2) 아니오   3) 잘 모르겠다

22-1. (네라고 하면) 그 친구의 어떤 점이 좋으니?(여러 가지 선택가능)

1) 그 친구는 친절하다   2) 그 친구는 예쁘다(잘 생겼다)

3)그 친구는 장난감이 많다   4) 그 친구는 용감하다

5) 기타

22-2. (아니오라고 하면) 그 친구의 어떤 점이 좋지 않니?(여러 가지 선택가능)

1) 그 친구는 더럽다   2) 그 친구는 화를 잘 낸다

3) 그 친구는 나를 괴롭힌다

4) 그 친구는 나랑 같이 노는 것을 싫어한다

5)엄마, 아빠가 헤어진 것   6) 기타

23. 엄마나 아빠 중 한 분하고만 사는 한부모가정친구의 힘든 점(어려움)은 무엇일까?(여러 개 선택가능)

1) 엄마, 아빠 중 한 분이 안 계신 것

2) 엄마나 아빠가 돈 벌러 직장에 가서 혼자 집에 있는 시간이 많은 것

3) 맛있는 음식을 먹을 수 없는 것

4) 몸과 옷을 깨끗이 할 수 없는 것

5) 친구들이 안 놀아주는 것

24. ○○의 엄마, 아빠는 그 친구에 대해 뭐라고 하시니?(여러 개 선택가능)

1) 나쁜 아이다   2) 불쌍하다   3) 바보 같다

4) 착한 아이다   5) 훌륭한 아이다

6) 아무 말씀도 안 하신다   7) 기타

25. ○○의 엄마, 아빠는 ○○가 엄마와 아빠 중 한 분하고만 사는 친구와 친하게 놀면 좋아하실까?

1) 예   2) 아니오   3) 잘 모르겠어요

26. ○○는 한부모가정의 친구가 커서 훌륭한 사람이 될 수 있다고 생각하니?

1) 네   2) 아니오   3) 잘 모르겠다

26-1. (네라면) 왜 훌륭한 사람이 될 수 있다고 생각하니?(여러 개
　　　선택가능)

　　1) 엄마, 아빠 중 한 분이라도 계시니까요

　　2) 착하니까요　　　　　3) 공부를 잘 하니까요

　　4) 그림을 잘 그리니까요　　5) 운동을 잘 하니까요

　　6) 친구들과 사이좋게 지내니까요

　　7) 선생님의 칭찬을 많이 받으니까요

　　8) 용감하니까요　　　　　9) 기타

26-2. (아니오라고 하면) 왜 훌륭한 사람이 될 수 없다고 생각하니?
　　　(여러 개 선택가능)

　　1) 엄마나 아빠가 없기 때문에요

　　2) 선생님한테 자주 혼나니까요

　　3) 친구들과 잘 싸우니까요

　　4) 항상 더럽고 냄새가 나니까요

　　5) 공부를 못하니까요

　　6) 준비물을 안 가져오니까요　　　　　7) 기타

27. 네가 엄마나 아빠 중 한 분과 산다면 어떻겠니?

　　1) 슬플 것 같다　　2) 좋을 것 같다　　3) 잘 모르겠다

28. ○○는 엄마나 아빠 중 한 분하고만 산 훌륭한 한부모가정 위인을
　　알고 있니?

　　1) 네　　　　　　2) 아니오　　　　　3) 잘 모르겠다

28-1. (네라고 하면) 그분은 누구시지?(여러 개 선택가능)

    1) 한석봉   2) 나폴레옹   3) 베토벤   4) 간디

    5) 링컨   6) 이퇴계   7) 테레사 수녀 8) 김정희

    9) 퀴리 부인 10) 기타

29. (선택하면) OO가 제일 좋아하는 한부모가정 위인은 누구니?

    1) 한석봉   2) 나폴레옹   3) 베토벤   4) 간디

    5) 링컨   6) 이퇴계   7) 테레사 수녀 8) 김정희

    9) 퀴리 부인 10) 기타

질문지 그림 자료

〈그림 부록-1〉 결혼

〈그림 부록-2〉 싸움

〈그림 부록-3〉 이혼

〈그림 부록-4〉 한부모가정

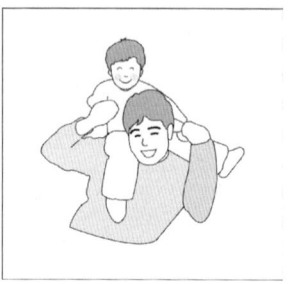

〈그림 부록-5〉 한부모가정

• 저자 •

황은숙　•약　력•

　　한국한부모가정연구소 소장(2002~)
　　숙명여대 아동복지학과 박사(문학박사)
　　숭의여자대학 유아교육과 겸임교수(2006~)
　　한국한부모가정지원센터장(2006~)
　　한국유아교육, 보육행정학회 이사(2002~)
　　한국방과후아동지도학회 이사(2002~)
　　서울시 송파구 여성정책위원(2007~)
　　서울시 송파구 아동위원협의회 위원(2004~)
　　보육시설장자격증(여성가족부 07-A-01188호)
　　한부모가정전문지도사 트레이너(2002~)

•방송 출연 및 인터뷰•

　　황은숙 박사는 한부모가정에 대한 부정적인 인식을 개선하고 한부모가정에 대한
　　이해를 높이기 위해 [KBS] 9시뉴스, 주부 세상을 말하자, [MBC] 뉴스 데스크,
　　[SBS] 8시 뉴스, SOS 24시, 동아일보, 조선일보, 중앙일보 등 언론매체와 100여
　　차례 인터뷰를 하였다.

•주요논저•

　　「한부모가정을 위한 반편견유아교육프로그램 개발연구」(열린유아교육연구, 2002)
　　「이혼가정 부모교육 프로그램의 개발과 활성화 방안」(숙명여대 박사논문, 2005)
　　「한부가정 부모교육 프로그램의 활성화를 위한 정부지원 방안」(한국유아교육보육
　　　행정학회, 2006)
　　「서울시 한부모가정의 실태조사 연구」(한부모가정연구, 2006)
　　「모자가정과 부자가정의 고충 비교연구」(한부모가정연구, 2007)
　　　등 다수

한부모가정 이해교육프로그램 개발

• 초판 인쇄	2007년 8월 31일
• 초판 발행	2007년 8월 31일
• 지 은 이	황은숙
• 펴 낸 이	채종준
• 펴 낸 곳	한국학술정보㈜
	경기도 파주시 교하읍 문발리 526-2
	파주출판문화정보산업단지
	전화 031) 908-3181(대표) · 팩스 031) 908-3189
	홈페이지 http://www.kstudy.com
	e-mail(출판사업부) publish@kstudy.com
• 등 록	제일산-115호(2000. 6. 19)
• 가 격	18,000원

ISBN 978-89-534-7173-5 95330 (Paper Book)
       978-89-534-7174-0 98330 (e-Book)